大学受験

減点されない英作文

WRITING MASTER

FORUM-7 ジーナス　河村一誠 著

はじめに

　私は過去20年にわたり，予備校の授業で，東大・京大・国公立大医学部志望の受験生の英作文を添削してきました。総添削数は7万を超える，日本で最も数多く受験生のおかしな英語を見てきた予備校講師です。
　受験生の間違いには，驚くほど共通点があります。その最大の原因は，日本語をそのまますべて英語に移し変えようとすることにあります。日本語と英語は根本的に異なる言語です。英文解釈では懸命に日本語らしく意訳する優秀な生徒が，英作文となると恐ろしく幼稚な直訳を試みます。もちろん，日本語を完ぺきに英語に訳せればいうことはありません。しかし，みなさんは翻訳家になるのではない。あくまで，入試で合格点がとれる英作文の力をつけることが目標なのです。
　英語の偏差値が70を超える生徒の多くが，英作文では3単現のsを落としたり，複数名詞をitで指したりという信じられないほど単純なミスを犯します。書き慣れていないために，重要ポイントに意識がいかないからです。
　この本のねらいは，受験生共通の間違いをとおして，入試でなんとか及第点がとれる知識を獲得し，減点されにくい英作文を書く力を身につけることです。一部日本語の意味が表されていなかったり，少し意味がずれていたりしてもいいんです，みなさんが書いたものが英語でありさえすれば。大多数の受験生が英語になっていない英作文を書くのですから。
　私の英語の知識なぞ，しょせん大したものではありません。ただ，私には最前線で受験生のナマの英語力に接してきた強みがあります。黒板に生徒が英語を書く前に，私はその成績に応じて，どのような間違いをするかが，ほぼ想像できます。あまり添削経験のない先生には，生徒が「思われる」という日本語につられてbe seemedと受動態にしたり，theyの所有代名詞をtheirselvesと書いたりすることはなかなか想像できませんし，まして，引用符（" "）の代わりに，かぎカッコ（「　」）を使うなんて，信じられないでしょう。しかし，現実には，英語の偏差値が65を超えている生徒が，平気でそういったミスを犯すのです。『減点されない英作文』は，「売れないだろう」という当初の私の

予想に反して増刷を重ね，今回改訂版を出すまでにいたったのは，ひとえにこの本が現実の生徒の間違いを反映しているからだと思います。

　くり返しますが，みなさんの目標は，受験で及第点がとれる英作文が書けるようになることです。そのためには「安全な英作文」を書くように心がけることです。本書はただそのためだけに作られています。過去30年分のほぼすべての入試英作文に目をとおし，東大理Ⅲであれ，慶應の医学部であれ，どんな大学にでも通用する英作文を書く手助けとなる参考書になったと確信しています。

　入試の英作文で失敗しないコツはただ1つ，日本語の字づらや表現形式に振り回されず，英語の表現形式の重要点に意識を集中させること，格好よくいうと英語的な発想をもつことです。

　最後に，いろいろと有益な助言をしてくださった編集担当の高野直子さん，英文の校閲をお願いしたショーン・マギーさん，また受験生に近い目で原稿チェックに協力してくれた，FORUM-7 ジーナスの卒業生である住田有子さん（県立千葉高校卒，東京大学理科Ⅱ類）に，この場を借りて厚くお礼申し上げます。

平成27年　冬　河村一誠

本書の使い方

　ここでは，各 Unit の簡単な内容と，本書を使う上での注意点を述べておきます。

序章　日本語と英語の表現形式の違い

　ここでは，「日本語と英語がいかに違うか」を具体的な例文をとおして示していきます。一見なんでもない日本語の文でも，誤りのない自然な英文に訳すことが，いかに難しいかを体感してください。
　模範解答を見る前に，必ず自分でも英訳にトライしてみましょう。そして，自分がほかの受験生と共通のミスをすることを自覚しましょう。

Unit 1　ヘンな英語を書かないための日本語の変え方

　ここでは，日本語の問題文を，英訳しやすいように変えるワザを伝授します。英作文の基本は，「日本語を変えること」にあります。日本語からなにをカットし，なにをプラスするのかを学習します。

Unit 2　減点されないための文法必須チェックポイント

　ここでは，減点の対象になるチェックポイントを徹底的に学びます。入試英作文では，文法的に間違いのない英文を書くことが最も重要です。時制，名詞，代名詞，修飾語など，受験生が文法的な間違いを犯しやすい分野を中心に見ていきます。

Unit 3　練習問題

　実際の入試問題に挑戦します。Unit 2までに学習したことを，徹底的に使いこなす訓練です。
　問題は，国公立大と私大医学部の入試で出題されたものを中心に精選してあります。
　〈ヒント〉を見てまず自分で英作し，〈訳例〉と照らし合わせましょう。うまく書けなかったところは，〈訳例〉を暗記してしまってください。

Unit 4　自由英作文対策

　自由英作文は，100字前後の英文を書かせるものが主流で，入試英作文の半数以上を占めています。しかし，これを即興で書いても，合格点をとるのはなかなか難しいことです。
　このUnitでは，出題されやすいテーマに関して典型的な〈解答例〉を示します。自分なりに少しアレンジして暗記してしまいましょう。

Unit 5　入試頻出構文25

Unit 6　入試頻出語い200

　頻出構文では，重要な構文25個を厳選して示しました。頻出語いでは，入試英作文に頻出する重要語い200個を50音別にまとめました。
　ぜひ，暗記やチェックに役立ててください。

※入試過去問は適宜変更してあります。

Contents 目次

はじめに …… 2

本書の使い方 …… 4

序章　日本語と英語の表現形式の違い …… 7

Unit 1　ヘンな英語を書かないための日本語の変え方 …… 19
　　　　　　　　　Lesson 1 ~ 12

Unit 2　減点されないための文法必須チェックポイント …… 41
　　時制　　　　　　　　Lesson 13 ~ 21
　　名詞・代名詞　　　　Lesson 22 ~ 38
　　修飾語　　　　　　　Lesson 39 ~ 64
　　態　　　　　　　　　Lesson 65 ~ 66
　　動詞・助動詞・準動詞　Lesson 67 ~ 85
　　文型　　　　　　　　Lesson 86
　　前置詞・接続詞・その他　Lesson 87 ~ 100

Unit 3　練習問題 …… 139

Unit 4　自由英作文対策 …… 157

Unit 5　入試頻出構文25 …… 169

Unit 6　入試頻出語い200 …… 187

Lesson一覧 …… 235

序章

日本語と英語の表現形式の違い

日本語を英語に訳すということは，2つの言語の違いを意識するということにほかなりません。その違いの中でとくに重要なのは，①時制，②品詞，③名詞，④修飾の4点です。例題をとおして実感してみましょう。作例は，受験生が私の授業で実際に書いたものです。

例題 ❶

私は来週，日本の古都として有名な京都を訪れる予定だ。

〈生徒の作例×〉
① I will visit Kyoto where is famous for a ancient capital in Japan next week.
② I will go to Kyoto next week where is famous as the ancient capital of Japan.
③ I am going to go to Kyoto that is famous as an ancient capital of Japan next week.

〈模範解答〉
Next week I am going to Kyoto, which is famous as an ancient capital of Japan.

◎「訪れるつもりだ」の表し方

　英語で未来を表す表現には大きく(1)will，(2)be going to，(3)現在進行形，(4)現在形の4つがあります。(1)と(2)の違いは，will は今思いついた未来の動作，be going to はすでに予定されている未来の動作を表すことです。作例の①と②だと，「来週，京都に行こう」と，今思いついたことになります。したがって，時制に関しては，①と②が間違いで，③が正しい。ただし，be going to go to ~ というい方は，go がくり返されるため，I am going to

KyotoかI am going to visit Kyotoにします。現在進行形は未来を表す副詞（この例題では，next week）とともに用いて，近い未来を表せます。

◎ 関係代名詞か関係副詞か？

「日本の古都として有名な京都」のように，文（日本の古都として有名だ）が名詞（京都）を修飾する日本語を英訳するとき，関係詞の問題が出てきます。日本語は名詞にどんな修飾語でもつけられるのに対して，英語の修飾関係，とくに関係詞には，文構造や限定という考え方においていろいろな制約があります。関係詞を使う場合，必ず次の2つのことを考えてください。
(1)関係代名詞か関係副詞（＝前置詞＋関係代名詞）か？
(2)限定用法か非限定用法か，つまり，関係詞の前にコンマをつけるかどうか？

(1)については，関係代名詞を使うとき，それに続く文のS，O，C，前置詞の目的語など代名詞が消えていることを確認しましょう。また，関係副詞に続く文には，それらがそろっていることを確認しましょう。

①や②のように，関係副詞（where, when, why, how）の後に動詞（作例ではis）が直接続くことは許されません。先行詞から自動的に関係代名詞か関係副詞かが決まるわけではありません。先行詞が場所を表す名詞だからといって，whereが続くとは限らないのです。あくまでも，関係詞に続く文中の代名詞が消えているか，副詞が消えているかで判断します。
(1)The United States is the country which I've long wanted to visit.
(2)The United States is the country where I've long wanted to go.

この2つの文はほぼ同じ意味ですが，(1)はvisitが目的語の必要な他動詞であるのに対して，(2)のgoは目的語をとることができない自動詞。関係詞節に変化する前の文は，(1)がI've long wanted to visit it（＝the country），(2)がI've long wanted to go thereです。代名詞itが変化したものが関係代名詞のwhichで，副詞thereが変化したものが関係副詞のwhereなのです。

例題では，It（＝Kyoto）is famous as～の主語である代名詞Itと同じ働きをするわけですから，関係代名詞のwhichあるいはthatしか使えません。

◎ 関係詞の前のコンマに注目

関係詞は複数存在しているものを限定する，すなわち，大きな集合体を小さ

な集合体にする働きをもっています。

　だから,最初から1つしかない固有名詞の場合,原則としてそれ以上小さな集合体にはできず,関係詞の前にコンマをつけて非限定用法で使わなければなりません。

　日本語なら,「雨の中,彼と別れた京都」とか「修学旅行のおみやげにお菓子を買った京都」とか,いろいろな修飾語を「京都」につけられます。しかし,英語では,日本の古都である京都は1つしか存在していないので,限定用法の関係詞は使えないのです。また,I'm going to Kyoto, that is famous 〜は間違いです。関係代名詞の that は非限定用法には使えないからです。

◎「古都」は the ancient capital か an ancient capital か?

　2つ以上存在している名詞のどれか1つを表すときには a[an] を,1つしか存在していない名詞を表すときには the をつけます。〈the + 単数名詞〉は〈the + only + 単数名詞〉の意味です。

　奈良のように,京都以外にも日本には古都が複数存在しているので,a が正しいのです。もちろん,後に続く単語が母音で始まる ancient ですから,an ancient capital となります。

　最後に,副詞の next week は文頭に置きましょう。先行詞と関係詞は連続したほうが望ましく,修飾語はできる限り修飾される語(句)(ここでは,am going)の近くに置くべきだからです。副詞(句)の位置を,受験生は気楽に考えていますが,英作文の最重要ポイントの1つなのです。

序章 日本語と英語の表現形式の違い

例題 ❷

ほとんどの日本人が，世界で最も広く使われている英語が得意になりたいと思っている。

〈生徒の作例×〉

① Most of Japanese want to be good at English that is used the most in the world.
② Most Japanese want to become good at the English which is most used all over the world.
③ Almost Japanese people want to be good at English, which is used the most widely throughout the world.

〈模範解答〉

Most Japanese people want to be better at English, which is most widely spoken around the world.

◎「英語」は限定できるか？

Yes and no です。関係詞が限定用法か非限定用法かは，先行詞が固有名詞の場合は比較的わかりやすいのですが，正確にはそれ以外の存在があるかどうかで決まります。

たとえば，「アメリカで話されている英語」というときの英語は限定できます (the English that is spoken in the United States)。「イギリスで話されている英語」や「オーストラリアで話されている英語」が存在しているからです。ところが，「世界中で話されている英語」の英語は限定できません。この場合の英語は，世界中で話されている英語しかないからです。

限定用法と非限定用法を区別するやり方として，関係詞に続く文が理由を表しているかどうかを考えるという方法もあります。

(1) I will employ a man who can speak French fluently.

(2) I will employ Mike, who can speak French fluently.

　(1)はたくさんいる男性の中から，フランス語を流暢(りゅうちょう)に話すことができる男性を1人雇うつもりだという意味で，(2)はマイクは最初から1人しかおらず，「私はマイクを雇うつもりだ。なぜなら，彼はフランス語を流暢に話すことができるからだ」の意味です。すなわち，(2)の who は because + he を表しています。非限定用法の関係代名詞は接続詞+代名詞に置き換えて訳しますが，その接続詞は and や but より，because が多いといえます。例題では，「英語が世界で最も広く使われている」という事実が「ほとんどの日本人が英語が得意になりたいと思っている」理由だと考えてください。

◎ mostには，3つの品詞がある

　数量を表す語は，原則として形容詞としても代名詞としても使うことができます。たとえば，most は「ほとんどの」の意味の形容詞と「ほとんどのもの」の意味の代名詞として使えます。形容詞の場合，〈most + 名詞〉で問題ありませんが，代名詞の場合は〈most + of + the[one's] + 名詞〉とし，名詞を the や所有格で限定しなければなりません。したがって，② の Most Japanese は正しいけれども，① は Most of the Japanese にする必要があります。③ の Almost Japanese people も間違いです。almost は副詞で「ほとんど」という意味。名詞や of を続けることはできません。間に形容詞（all や every）をはさんで，almost all Japanese「ほとんどすべての日本人」のように使います。

　most には副詞 much の最上級としての用法もあります。英語の習い始めに，I like cats very much. のような例文を覚えるからでしょうか，受験生は much や very much が大好きです。極端な例としては，「彼女はとても幸せそうに見える」を，She looks happy very much. と書く人がいて，私をあ然とさせます（もちろん，正しくは She looks very happy.）。副詞の much は疑問文，否定文中で用いられるのが基本で，much 1語で修飾できる動詞も限られています。なるべくほかの副詞を考えてください。なお，副詞の最上級には原則として the をつけませんから，① と ③ は間違いです。

　また，最上級を使う場合，in や of で範囲を限定する必要があります（〜の中で最も…）。「世界で」は ② の all over the world や ③ の throughout the worldではなく，in the worldにします。

◎ 日本語は比較が表に表れない

「得意になりたい」はgoodではなく，比較級のbetterを使います。英語では，同一人物や同一物の過去と現在や，理想と現実を比べる場合には，比較級を用います。ところが，日本語は比較を露骨には表現しません。「もっと〜」や「〜より」などの言葉があれば比較級を使いますが，なければ使えない受験生がほとんどです。あなたがこの参考書を読みながら，「ああ，英作がうまくなりたい！」と思うなら，今のあなたの英作力は少なくともゼロではないので，「今よりももっと英作がうまくなりたい」ということなのです。

◎ useは危険な動詞

日本語の「使う」はとても便利な動詞で，「電話」も「車」も「道路」も「英語」も使うことができます。ところが，useは道具，場所，身体など，目的語にできるものが限定されます。先にあげた中でuseの目的語にできるのは電話だけ。use an English word[expression]とはいえても，use Englishは不自然です。言語はspeak, write, readするものなのです。

英語の動詞は抽象性が強い日本語の動詞に比べ，意味が具体的で，使える範囲も狭いのです。難解な動詞ほどその傾向が強いので，日本語の意味を具体的に解釈し，簡単な動詞を使うことをおすすめします。

例題 ❸

人は子ども時代に経験したことに
大きく左右される。実際に，子ども時代の経験が
今の私に大きな影響を与えている。

〈生徒の作例×〉

① Persons are influenced by what they experienced in childhood. In fact, my experience is giving me a lot of influence.
② People are influenced by the things which they experienced when they were child. Indeed, my experiences have a great influence on me.
③ We are influenced by what we had experienced in our child days. Actually, what I had experienced when I was a child greatly influence on me.

〈模範解答〉

What you experience as a child greatly influences you. What I experienced in my childhood actually has had a great influence on me.

◎ 時制は現在形が一番難しい

　英語と違い，日本語には厳密な意味での時制の概念がありません。したがって，日本語に合わせて英語の時制を判断すると痛い目にあいます。

　例題1文目の「経験した」は現在形 experience を使います。①や②のような過去形はダメです。なぜでしょうか？

　英語では，動作を表す動詞の現在形はくり返し行われる動作を表します。今だけの動作ではないのです。

　The sun rises in the east.（太陽は東から昇る）を見れば，納得できるかと

序章 日本語と英語の表現形式の違い

思います。くり返し行われる動作ということは、「現在の習慣」「普遍の真理」「一般論」を表します。とくに個々の具体的な事実とは異なる「一般論」に現在形を使うことが最重要です。「人が子ども時代に経験したこと」は、だれにでもあてはまる一般論であるため現在形。一方、「私が子ども時代に経験したこと」は、私個人の具体的な事実なので過去形を使います。

なお、「人」は you か people が一般的です。you には目の前にいる「あなた（たち）」と「一般的な人」の2つの意味があります。後者の意味では、one や we より好まれる傾向があります。①の person は主に単数形で、法律用語として用いられる単語です。a person は代名詞に置き換えるときに、性の問題も出てきます。いちいち he or she と書くのは面倒です。

「子ども時代に」は〈when［as］+ S + be 動詞 + a child〉か、in one's childhood が一般的な表現。childhood は所有格で限定することが多いようです。模範解答の as a child の as は前置詞として使われています。

◎「こと」をどう表現するか？

日本語には、「〜こと」がよく出てきます。具体的なものであったり、動作（〜すること）であったり、事実（〜ということ）であったりします。

受験生にとって、次のような what と that の使い分けがとくに難しいようです。

What he said is true.「彼がいったことは本当だ」

That he told me a lie is certain.「彼が私にうそをついたことは確かだ」

文構造に注目すると、what は関係代名詞なので said の目的語が消えています。一方、that は接続詞なので he told me a lie のような完全な文が続きます。

意味的には、what は具体的なものや事柄、that はある事実を表します。模範解答では、what を使って人が経験する具体的な事柄を表しているので、experience の目的語が消えています。

もちろん what は②のように、(the) thing(s) + which［that］で表現できますが、冠詞や thing の単数複数の問題があり、語数も増えるので、what を使いましょう。1語でも短く表現する。これも英語を書くときにとても重要なことです。

名詞句（＝不定詞や動名詞）や名詞節（＝間接疑問文，接続詞 that, whether, if や関係代名詞 what がつくる節など）は3人称単数扱いです。したがって，③の第2文の述語動詞は influence ではなく，influences。

◎ 名詞の単複を意識できるか？

　名詞に関して，日本語と英語の最大の違いは，英語には可算名詞と不可算名詞の区別があること，また可算名詞を1（a/an＋単数形）と2以上（複数形）に分けて考えることです。

　英語を書き慣れていない受験生は，これを意識できません。②のような，they were child といった間違いはめずらしくありません。主語と主格補語の単複は一致させるのが原則なので，もちろん，they were children が正解。

◎ 現在完了形の正しい使い方

　英語の現在完了形は過去の状態や動作がなんらかの形で現在とつながりがあることを表します。日本語に現在完了という考え方はありません。「～した」を英語に換えるとき，その動作が「今どうなっているか」まで表していれば現在完了形で，表していなければ過去形を使います。

　たとえば「私は医者になる決心をした」は，I decided to be a doctor. より，I have decided to be a doctor. がふつうです。今もその決心があるといいたいからです。過去形を使うと，医者になることをあきらめた可能性が出ます。

　例題の「今の私」に注目しましょう。まさに過去の経験が現在に及んでいます。例題の後半は私個人に関する具体的な事実ですから，③のような現在形は間違いです。一般論は現在形，個々の具体的事実で今とのつながりがなければ過去形，あれば現在完了形。

　①は「与えている」という日本語に影響されて，誤って現在進行形を使っています。現在進行形は今，行われている動作を表します。くり返しますが，日本語から英語の時制を判断してはダメですよ。

　③には過去完了形が2回出てきます。受験生は過去の完了や継続や経験に過去完了を使いたがりますが，過去完了形はばくぜんとした過去ではなく，過去の一時点が明確でないと使えません。

それでは，Unit 1でテーマごとに，減点されない英作文のコツを細かく説明していきましょう。

Unit 1

ヘンな英語を書かないための日本語の変え方

入試では日本語の意味やニュアンスをもれなく表現した英作文を書く必要はありません。そもそも翻訳においては，なかなかうまく訳せない言葉が必ずあります。まして，みなさんがめざすのは大学入試で及第点がとれる英作文ですから，日本文の意味がほぼ表されていて，文法，語法，構文，語いに間違いのない英語が書ければ十分なのです。そのための第一歩として，英訳しやすいように日本語を変えるワザを身につけることから始めましょう。日本語に振り回されるのではなく，日本語を振り回しましょう！

Lesson 1
よぶんな言葉をカットして日本語をスリム化する。

　英作文は日本文にプラス・マイナスをする作業が欠かせません。意味の伝達だけを考えると，英語とくらべて日本語は情緒的でよぶんな言葉が多い言語です。まず日本語をスリムにする練習をしてみましょう。

例1

人間だれでも [➡ だれでも] 年をとる。

「だれでも」といえば人間に決まっているから，「人間」はカットして考えましょう。everyone も everybody も 3 人称単数扱いである点に注意。

Everyone [Everybody] grows old.

例2

彼女が心の中でなにを考えているか [➡ なにを考えているか] 少しわかった。

「考える」といえば心（頭）の中に決まっているから，「心の中で」はカットし

ます。「心」は英作文で最も注意しなければならない日本語の1つですが、考える場所としての「心」は heart ではなく mind で表します。

I understood a little of what she thought.

例3

イギリス人は物事を [➡ 不要] 控えめにいう傾向がある。

「人の話を聞く」、「本を読む」、「物事を論理的に考える」の下線部はすべて不要です。それぞれ listen to others, read, think logically と表します。〈listen to 人〉といえば、「話」を聞くに決まっているし、read は「本を読む」の意味だからです。

The British tend to speak modestly.

例4

手紙をもらって返事を出さないこと [➡ 手紙に返事を出さないこと] ほど失礼なことはない。

英語の考え方からすると、ある行為に必然的にともなう動作で、したがって書く必要のない動作を、日本語では表現することがあります。「手紙をもらって」の「もらって」はカットしましょう。

Nothing is ruder than not answering letters.

例5

外国に行って [➡ 外国で] 病気になったときは心細い。

「外国に行って」は「外国で」とすれば十分で、「行って」は訳さなくてよい言葉です。

You feel helpless when you become ill in a foreign country.

例6

彼は車を使って [➡ 車で]，通勤している。

日本語に英語を逐語的に一致させていく危険性を，認識してください。

He goes to work by car.

Lesson 2
日本語に言葉を補って，英語の意味をはっきりさせる。

今度はプラスする練習です。日本語は文脈全体で意味を通じさせるのに対して，英語は1文1文の意味がはっきりしていなければなりません。あやふやな日本語をカッチリと固定させる（とくに名詞を the や所有格で限定する）レッスンです。

例1

私が写真をとろうとすると，ヘンリーは「日本人は写真となると，いつも他人のことはおかまいなしだ」とどなった。

この「写真」がヘンリーの写真であることは，文脈から明らかですが，when I was going to take a picture と訳すと，とる写真はどんな写真でもいいことになります。ヘンリーは駅の写真をとっても怒りません。ヘンリーは自分の写真を勝手にとられることをプライバシーの侵害だと感じ，腹を立てたわけですから，take a picture of Henry と書かなければなりません。

When I was going to take a picture of Henry, he said angrily to me, "Japanese people don't take how others feel into consideration when taking their pictures."

Unit 1 ヘンな英語を書かないための日本語の変え方

例2

ペットを選ぶ前に，なんのために飼うのか，よく考えることがとても重要である。残念ながら，近年では，動物と社会に対する責任を認識していない飼い主があまりにも多すぎる。

主語が飼い主であることから考えて，この「動物」は「飼っているペット」を意味しています。そのまま animals と書くと，動物全体に対して責任をもつことになります（絶滅寸前の動物や他人のペットには責任をもてませんよね）。

Before choosing a pet, it is very important to think over why you want to have one. Unfortunately in recent years too many pet owners don't realize they have responsibilities both toward their pets and society.

例3

視野を広げていくためには，たくさんの人の話を聞くことが望ましい。

「たくさん〜すべきだ［することが望ましい］」は英語の論理では「できるかぎりたくさん」となり，as many[much] 〜 as possible[one can] と表現します。

It is advisable to listen to as many people as possible so that you can broaden your horizons.

例4

A：昨日喫茶店にいたとき，お前はまるで怒っているみたいだったぞ。
B：そうか？
A：みんなが話しているときに，腕を組んでじっと黙っていたじゃないか。

この「みんな」にBが含まれていないことは文脈から明らかです。しかし，

we を使うとBも含まれてしまいます（everyone, everybody は文字どおり「だれでもみんな」で論外）。したがって，この喫茶店にいた仲間たちからBをのぞいたことが伝わる表現，すなわち the rest of us か the others が正しいことになります。the rest of us の us はAとBだけでなく，昨日喫茶店にいた仲間全員を指します。また，「足を組んで」は with one's legs crossed ですが，「腕を組んで」は with one's arms folded です。

A：When we were at the coffee shop yesterday, you looked as if you were angry.
B：Oh, did I?
A：You kept silent with your arms folded while the rest of us were talking.

例5

世界の各都市で美術館巡りをしていて，妙なことに気がついた。

直訳して，each city of the world とやると，文字どおり「世界のあらゆる都市」となりますが，常識的に考えてそんなには行けません。「世界で私が訪れたそれぞれの都市で」と限定します。

While going to art museums in each of the cities I visited around the world, I realized a strange thing.

Lesson 3
日本語と英語の品詞を一致させる必要はない。

　日本語には「礼節を守る」「注意を喚起する」といった，「〈名詞〉を〈動詞〉する」型の表現が多く見られますが，英訳するとき，まず形容詞を使うことを考えてください。その理由は，動詞と名詞の組み合わせが英語と日本語で異な

ることが多いこと，英語は形容詞を使って，物事を動作でなく状態で表すことが多いこと，などです。品詞には柔軟に対応しましょう。

例1

老人は最近の若者は礼儀を知らないと文句ばかりいっている。

「礼儀を知らない」は日本語に品詞を合わせて書くと，have no manners です。しかし，have を思いつくことができるか，manners をきちんと複数形で使えるかなど，関門があります。「礼儀を知らない」は「無礼である」と考えて，be impolite[rude] と表せます。

Old people are always complaining that young people today are impolite[rude].

例2

年月にみがかれて，木の家具は味わいも美しさもましていく。

「美しさがます」というと，beauty increases と書く生徒が必ずいますが，increase や decrease は数量の増減にだけ使ってください。「程度や力が増加[減少]する」は，become more[less] beautiful のように，比較級で表現します。

As time goes by, furniture made of wood becomes more attractive and beautiful.

例3

詰め込み教育の結果，最近の学生は意思決定力がすっかり弱くなった。

日本語には「〜力」という表現がよく見られますが，ability や power（force は物理的な力）といった名詞を使うより，形容詞を使うほうが無難です。「意思決定力が弱くなる」は「優柔不断になる」と考えて become indecisive と表します。たとえば，「彼にはすばらしい想像力がある」は He is very imaginative. と書けば簡単です。

As a result of cramming, students today have become quite indecisive.

Lesson 4
名詞を名詞句や名詞節に変える。

　名詞には可算／不可算や，冠詞の問題がつきまとうので，名詞句（不定詞や動名詞）や名詞節（間接疑問文や感嘆文）で書きましょう。

例1

年齢によって，眠りの量と深さは変わってきます。

「眠りの量と深さ」は，the amount and depth of your sleep ともいえますが，「どれくらいたくさん眠れるか，どれくらいぐっすりと眠れるか」と考えるほうが自然な文になります。

How much and soundly you can sleep differs depending on your age.

例2

アメリカで人間の動物観を調査している研究者がいる。

our view of animals でもいいですが，「人間がどのように動物を見ているか」と解釈して how we see[view] animals と表します。

A researcher in America studies how we see animals.

Unit 1 ヘンな英語を書かないための日本語の変え方

例3

7歳のときに，映像のおもしろさに気づき始めました。

「～の楽しさ［おもしろさ，難しさ，つらさ］」は，感嘆文を使って「～がいかに楽しいか［おもしろいか，難しいか，つらいか］」と表現すると，自然な英語になります。

When I was seven, I began to realize how interesting images are.

例4

テレビのない生活を想像することは難しい。

life は可算か不可算かがやっかいな名詞なので，「～のない生活を想像する」は「～なしで生活する（do［live］without ～）ことがどのようなことかを想像する」に変えます。「～することがどのようなことか」は What is it like to V ～? を応用します。what it would ～の would は仮定法です。

It is difficult to imagine what it would be like to do without television.

Lesson 5
人を主語にして能動態で書く。

　日本語は主語が明示されないことがよくあるので，英訳するときは，まずなにを主語にするかを考えます。英語には無生物主語構文がありますが，人を主語にして能動態で書いたほうが自然な英文になることが多いです。

例1

このごろの日本人の英語の発音はとてもよい。

このまま訳すと，The pronunciation of English of recent Japanese is very good. といったあやしげな英語になる可能性があります。「発音」ではなく，「日本人」を主語にして「このごろの日本人は英語をとてもじょうずに発音できる」と表します。

Japanese people today can pronounce English very well.

例2

大人の日常生活の中には，いやでもやらなくてはならないことがあり，いやでもつき合わなければならない人もいる。

「～がある［ない］」という日本語に対して，すぐに There is 構文を使う生徒をよく見かけます。しかし，実際には There is 構文は使う必要がない場合が多いのです。この例では「大人」を主語にして，「大人は日常生活で，たとえいやでも，すべきことがあり，会うべき人がいる」と考えます。

Adults have things they must do and people they must see in their daily lives even if they don't want to.

例3

日本人はお互いに知っている仲間同士では礼節を守りますが，一般の交通機関の中では全く違うのです。

後半はなにを主語にすべきでしょうか？　やはり，まず「日本人」です。「日本人は一般の交通機関の中で全く違った行動をする」と考えます。また，「日本人」を所有格にして，their attitude toward strangers completely changes when using public transportation（日本人の他人への態度は，一般の交通機関の中では完全に変わる）とすることもできます。

Japanese people are very courteous when they are with their acquaintances, but they behave quite differently when using public transportation.

Unit 1 ヘンな英語を書かないための日本語の変え方

例4

客を招いたら，まず住居のすべての部屋を案内してまわる<u>の</u><u>が</u>，欧米の通例である。

It is a custom <u>in</u> Europe and America to ～（ほかにも習慣があるので，<u>the</u> custom ではありません）のように，形式主語を使う受験生がほとんどです。There is 構文と同様，形式主語は語数が増えてしまう表現なので，「簡潔さ」の原則からすると，避けたほうがよいでしょう。「～するのが欧米の通例である」は，「欧米人はふつう～する」と考えます。

Europeans and Americans usually[customarily] show their guests every room of their homes.

Lesson 6
代名詞の修飾関係に注意。

2つ以上あるものを区別する。これが英語における修飾の基本的な考え方です。したがって，最初から1つしかないものは，同格で説明はできても，修飾はできないのです。「北海道生まれの私」を英訳するとき，関係詞などを使って修飾関係で表現すると，「北海道生まれの私」と「北海道生まれでない私」という複数の「私」がいることになります。人称代名詞の修飾語は，and や because などの接続詞をうまく使って表します。

例1

<u>田舎育ちの彼</u>は，都会の生活に慣れなかった。

関係詞を使わないで書く方法を考えましょう。ここでは「彼は田舎育ち<u>で</u>，都会の生活に慣れなかった」と考えると，接続詞 and を使って書くことができきます。

He was brought up in the country and didn't get used to

urban life.

例2

ネコが苦手な私は，ネコが3匹もいる彼女の部屋にいると落ち着かない。

例1と同様に「ネコが苦手な私」も接続詞 because などを使って表現します。また，「彼女の部屋」も1つが自然なので，関係副詞 where の非限定用法を使いましょう。

Because I don't like cats, I feel nervous when I am in her room, where she has three cats.

Lesson 7
長文は分割して，1文をあまり長くしない。

　短い英文をたくさん並べると，幼稚な感じがすることは否定できませんが，1文があまりに長い英文も読みづらく，採点者泣かせです。
　日本文が非常に長い場合は，これを1文の英文で書かず，意味のまとまりごとに，いくつかの文に区切って英訳するとよいでしょう。

例

「コンビニに行ってもどうやってものを買ってよいのかわからない」という子どもが，テレビゲームの世界ではいろいろな町に寄って人と話し，驚くほど効率よく情報を集めながら目的地にらくらくたどり着くさまを見ていると，たとえ同じ試行であ

っても，現実とゲームの世界ではそれをするのに必要とされる論理が全く違うのではないか，と思えるほどです。

京都大学の問題です。京大は毎年受験生泣かせの出題をします。長いだけでなく，日本語が難解なのです。「英語を書く前に，日本語が読めなきゃ」ということなのでしょう。なんとこの文は1文です。次のように3文に分けます。① 「コンビニに行ってもどうやってものを買ってよいのかわからない」という子どもがいる。② しかし，彼らはテレビゲームの世界ではいろいろな町に寄って人と話し，驚くほど効率よく情報を集めることにより，目的地にらくらくたどり着く。③ これを考慮すると，たとえ同じ仕事が試みられても，現実の世界で必要とされる論理はテレビゲームの論理と全く違うのではないかと思わざるをえない。

Some children say, "I don't know how to buy things in a convenience store." But they can easily get to their destinations in a video game by visiting a lot of towns, talking with people there, and gathering information surprisingly effectively. Taking this into consideration, I cannot help thinking the logic needed in the real world is completely different from that of a video game even if the same task is attempted.

Lesson 8
「〈名詞〉は〈名詞〉だ［になる］」型の表現に注意。

「大学はどこですか？」「僕は慶應です」のように，日本語には「〈名詞〉は〈名詞〉だ［になる］」型の表現が多く見られます。しかし，英語では名詞を補語として使うのは，主語（あるいは目的語）と補語が完全にイコールの場合に限られます。I am Keio University. といえないことは簡単に理解できるでしょう。こういう場合，I attend Keio University. のように，be や become 以外の動詞を使います。

英語が苦手な受験生ほど，すぐに be 動詞を使おうとします。とくに，S + be 動詞＋名詞を書きます。「私は困っている」を I am trouble.，「その問題はやっかいだ」を The problem is trouble. のように。正しくは，I am in trouble., The problem gives me a lot of trouble. です。

例1

人の話を聞くことは，知識になる。

「人の話を聞く」という動作と，「知識」という抽象名詞は完全にイコールではありません。「人の話を聞くことによって，(人は) なにかを学ぶことができる」と考えましょう。

You can learn something by listening to others.

例2

「書は人なり」という言葉もあります。

「人の手書き文字は，その人の人格を表す」「人の手書き文字で，その人の人格がわかる」と考えましょう。「言葉がある」は「いわれている」と考え，It is said that 〜。

It is sometimes said that your handwriting shows your character[your handwriting can tell a lot about you / a man is known by his handwriting].

例3

勉強が苦しいものだとか，社会には役立たないものだという印象をもっている人が多い。勉強がつらいと思うのは，それが自分の喜びにならないからだ。

「あなたはそれ（勉強）に喜びを見出せない」「それがあなたに喜びを与えない」と考えましょう。コツは，find や give といった基本動詞を使うことです。

Many people have the impression that study is painful and useless after you graduate from school. You think it is hard, because you cannot find pleasure in it [it doesn't give you pleasure].

Lesson 9
「~がある[ない]」は人を主語にした文を考えよう。

「~がある[ない]」という文を英語にする場合,むやみに There is 構文を使わないようにしましょう。もっとも「日本語を教えている小学校が,アメリカのシカゴ市内にある」のように,存在している場所が具体的に示されている場合は There is 構文を使って,次のように書きます。There is an elementary school where Japanese is taught in (the city of) Chicago, the United States.

例1

授業中に,私の説明でわからないところがあれば,最後まで待たずに,そのつど遠慮なく話を中断してもらって結構です。

「私の説明でわからないところがあれば」は,「私が説明することがわからなければ」と表せば十分です。

If you don't understand what I explain in my class, you don't have to wait until it is over. Don't hesitate to interrupt me and ask questions.

例2

現実に真正面から取り組むと，苦しみがあるのは確かだ。

とにかく，人を主語にしましょう！「～に真正面から取り組む」は face を使います。

Certainly you will suffer when you face reality.

Lesson 10
英語に訳す必要のない日本語をマークしよう。

日本語には，英語に訳しづらかったり，訳さないほうがいい言葉がいろいろあります。その中で，とくに入試でよく出てくるものを取り上げます。

① 「～といえば，～というと」

まず訳す必要はありません。「～」を主語にすればいいのです。新しい話題の導入として用いられる talking of を使うと失敗します。

例1

以前は動物たちの社会というと [➡ 以前は動物たちの社会は]，弱肉強食の社会といわれたものだった。

この「というと」は訳す必要はありません。「動物たちの社会」を主語にします。「弱肉強食の社会」は「ジャングルの法則が支配する世界」のように意訳するとよいでしょう。

Formerly the animal kingdom was said to be a world where the law of the jungle prevailed.

Unit 1 ヘンな英語を書かないための日本語の変え方

例2

教養ある英米人がつねに正確な英語を話しているかというと**，必ずしもそうではありません** [➡ 教養ある英米人が必ずしも正確に英語を話しているわけではありません]。

この「というと」は次の②の「という点では」に近いものですが，英語で表す必要は全くありません。English は限定しにくい単語なので「〜な英語を話す」は形容詞ではなく副詞を使って「〜に英語を話す」と表現してください。この場合，正確さは「間違いがない」という意味の「正確さ」ですから correctly がふさわしく，主に精密さを表す accurately や precisely ではありません。

Even cultured British and American people don't always speak English correctly.

②「〜の点は，〜という点で（は）」

in that や because を使うこともありますが，基本的には書く必要はありません。とくに point は使わないこと（使うなら，in 〜 respect）。

例3

都会人ほど自然にあこがれているのは事実だが，それなら自然を愛しているかというと，この点は **[➡ 〜愛しているかどうかは] 大いに疑問である。**

「というと」も「この点は」も訳す必要はありません。「彼らが自然を愛しているかどうかは，大いに疑問である」と表せばよいのです。

Indeed people living in cities yearn more strongly for nature, but it is very doubtful whether they love it.

③「〜の場合（は）」

「〜といえば，〜というと」と同様に，「〜」を主語にします。

> **例4**
>
> 子どもは好奇心のかたまりだ。それが多くの動物の場合 [➡ 多くの動物は], 成熟すると幼いときほどには好奇心を示さなくなるらしい。
>
> 「の場合」は訳さなくてよい表現です。「多くの動物」を主語にしましょう。
>
> **Children are very curious. But many animals seem to become less curious as they mature.**

④「〜として，〜としては」

これも，とくに as 〜と書く必要がないケースが多いといえます。

> **例5**
>
> 情報集めに自分のすべてのエネルギーを費やさないで，1日のうちで静かに過ごすひとときを習慣として [➡ 1日のうちひととき静かに過ごす習慣を] 身につけてほしい。
>
> 「習慣として身につける」は「習慣を身につける」と考え，develop a[the] habit of 〜 と表します。
>
> **You should not put all your energy into collecting information, but develop a[the] habit of spending some quiet moments alone every day.**

⑤「〜など」

ほとんどの生徒が「〜など」と書いてあると，律儀に and so on や and so forth をつけますが，とくに書かなくても問題のない語です。etc. は主に商業文で使われる語なのでやめましょう。

⑥「そもそも，元来」

これはなかなか英訳できないので，無視するのが無難です。originally はなにかが変化した元の状態をいう場合に使う副詞です。

Lesson 11
情緒的な日本語は少し抑え目に英訳する。

日本語は厳密な論理よりも情緒を重んじる言語だといえます。たとえば，正確にいえば例外があるとわかっていても，「だれでも」「いつでも」「どこでも」というような言葉を好んで使います。こうした日本語を英訳するときは，例外の存在を意識して，少し控えめにトーンダウンして表現しましょう。

例1

近ごろはどこの親たちもわが子を大都市の大学に進ませたがる。

all parents や every parent だと，子どもを地方の大学に進学させたがる親が1人もいないことになるので，almost all parents や，almost every parent（every の後が単数形であることに注目）が無難です。

Nowadays almost all parents want their children to go on to universities in large cities.

例2

きみはいいなあ。血色もいいし,実に元気そうだ。僕なんか少し動くと息が切れる。

本当に少し動いただけで息が切れたら,そうとうひどい病気です。「ちょっと運動しただけで」と解釈して,even if I do only slight exercise/even after the slightest exercise と表現します。

I really envy you. You look well and very healthy. I get out of breath even if I do only slight exercise.

Lesson 12
擬声語,擬態語は動詞や副詞を工夫してみよう。

　日本語では擬声語や擬態語がよく使われます。入試ではそれほどピッタリな表現は求められていませんので,あまり神経質になる必要はありませんが,だいたい次のように処理します。

① wander や roam（ぶらぶら歩く）,leaf[skim] through a book（本をぱらぱらめくる）のように,英語の動詞には音や様態の意味を含むものが多いので,それを使う。
② 副詞を工夫する。「かんかんに怒る」なら「ひどく怒る」と考えて get very angry,「ぽっくり死ぬ」なら「突然死ぬ」と考えて die suddenly。
③「ぐずぐずしていられない」なら「むだにできる時間がない」と考えて There is no time to lose. とするように,完全に意訳する。

Unit 1 ヘンな英語を書かないための日本語の変え方

> **例**
>
> ペンを紙の上でさらさらと走らせていくときのあの心地よさには，なかなか捨てがたいものがある。
>
> 「ペンを紙の上でさらさらと走らせていく」は「ペンでなめらかに書く」と考え，smoothly を使って表すとよいでしょう。
>
> **You can hardly give up the pleasant feeling you get from writing smoothly with a pen.**

Unit 2

減点されないための文法必須チェックポイント

完ぺきな英文を書ける受験生など，まずいません。厳しく採点すれば，ほとんどの受験生の作文は0点に近いでしょう。しかし，同じ間違いでも，「おかしな表現だけど，まあいいか」と採点者が目をつぶってくれるものと，バッサリ減点されるものとがあります。ここでは文法項目ごとに，絶対にやってはならないミス，採点者が躊躇なく減点するミスをなくすための注意ポイントを示していきます。とくに危険なのは，時制，名詞・代名詞，修飾語です。さらに，態・動詞・助動詞・準動詞，前置詞・接続詞などの注意ポイントも見ていきましょう。

Lesson 13　時制
3単現のsを忘れない!

　現在形の文を書き終わったら，必ずSとVの一致を確認しましょう。名詞句（不定詞や動名詞の導く句）や名詞節は，すべて3人称単数扱いです。また，SとVが離れているときは要注意。主格の関係代名詞に続く動詞は，先行詞に一致させます。先行詞が3人称単数かどうかを忘れずにチェック！

例1

外国語や外国の文化を知ることは，視野を広げてくれる。

To know foreign languages and cultures broadens your horizons.

例2

プレゼントを受け取った人が，その場で開けないのが日本の習わしだ。

It is a Japanese custom for a person who gets a present not

to open it immediately. [It is a Japanese custom for people who get presents not to open them immediately.]

この文は Japanese people usually don't open presents immediately. とも表現できますが，その場合は usually の位置に注意する必要があります。

Lesson 14 　時制
英文全体の時制を統一する。

　日本語には時制の一致という考え方がありません。たとえば，「レストランを出たとき，雨が降っていた」を「レストランを出るとき，雨が降っていた」といっても全く同じ意味ですが，英語では It was raining when I leave the restaurant. とはいえません（正しくは when I left the restaurant）。時制の一致の例外に，「現在の習慣」と「不変の真理」がありますが，「不変の真理」に関しては「地球は丸い」「太陽は東から昇る」のような絶対的なものにとどめたほうが安全です。現在形と過去形（過去完了形），過去形と現在完了形が混在する文を書かないようにしましょう。

例 1

私はアメリカの大学で 1 年間英文学を勉強した。授業の始めに各教師は同じ言葉をくり返す。

I studied English literature for a year at a university in America. At the start of class, every professor said exactly the same thing.

> **例2**
>
> 世の中の人は，人目を気にしたり，外見だけで人を判断したりすることが多いなと，社会に出たときに感じました。
>
> When I began to work, I realized that people often cared how they were seen, and judged others only by their appearances.
>
> 日本語の色文字の部分を見てください。「人は外見だけで人を判断する」のは不変の真理といえなくもないでしょうが，中心の動詞 realized が過去形である以上，すべて過去形で統一します。英文全体の時制を強く意識しましょう。要は，日本語に合わせて英語の時制を判断しないことです。

Lesson 15 　時制

動作動詞の現在形・過去形・現在完了形を使い分ける。

　動作動詞の現在形は，「不変の真理」「現在の習慣」「一般論」を表します。状態動詞の現在形は「現在の状態」を表しますが，「現在行われている動作」は現在形ではなく，現在進行形を使います。「個々の具体的な事実」には現在形ではなく，現在完了形か過去形を用います。

> **例**
>
> ① 桜の花は春に咲く。〔一般論〕
> Cherry blossoms bloom in spring.
>
> ② 庭の桜が満開である。〔現在の状態〕
> The cherry tree in my garden is in full bloom.

③ 庭の桜の花が咲いた（＝今咲いている）。〔具体的な事実〕
The cherry blossoms in my garden have bloomed.

Lesson 16 〔時制〕
過去形と現在完了形の違いを意識する。

「個々の具体的な動作」に過去形を使うか現在完了形を使うかは，その動作の影響が今に及んでいれば現在完了形，いなければ過去形にします。

例1

江戸時代の終わりに，庶民の生活は大きく変化した。

The life of common people greatly changed in the last days of the Edo era.

例2

科学技術によって世界は大きく変化した。

Technology has greatly changed the world.

過去形を使ってしまうと，科学技術の発達の影響が現在に及んでいないことになります。

例3

睡眠不足やら胃の不調やらで，このごろ体重がずいぶん減った

よ。

What with lack of sleep and a stomach disorder, I have lost a lot of weight recently.

現在,体重が減った状態なのですから,現在完了形を使います。過去形にすると,今もやせているのかどうかがはっきりしません。

Lesson 17 時制
進行中の動作は現在（過去）進行形を使う。

　現在行われている動作には,現在形ではなく,現在進行形を使います。また,過去のあるときに行われていた動作には,過去形ではなく,過去進行形を使います。とくに,現在［過去のあるとき］だけの動作であることを強調するときや,gradually（徐々に）,increasingly（ますます）,little by little（少しずつ）,one after another（次々に）,比較級＋比較級（ますます）といった副詞をともなうときは,進行形を用います。たえず動いているイメージだからです。

例1

現代日本人のコメ離れがますます進んでいる。

Japanese people today are eating less and less rice.

　また,現在完了形との対比で,「（完全にはなっていないが）なりつつある,なりそうだ」と表すときは現在進行形を使います。

Unit 2 減点されないための文法必須チェックポイント

> **例2**
>
> 公害のために，あの有名な桜の木は枯れそうになっている。
>
> The famous cherry tree is dying because of pollution.

Lesson 18 　時制
完了形は動作の結果，完了進行形は動作自体を強調する。

　完了形が動作そのものより，その動作の結果や影響を強調するのに対して，完了進行形は動作そのものの継続を強調します。

> **例1**
>
> 妻が牛乳びんを割ったために，台所の床じゅう牛乳だらけだ。
>
> There is milk all over the kitchen floor because my wife has broken the bottle.
>
> これが典型的な現在完了形です。妻が牛乳びんを割ったという過去の動作が，今，床じゅうに牛乳がこぼれているという現在の結果をもたらしているからです。

> **例2**
>
> 私は3年間大学で経済学を学んでいます。
>
> I have been studying economics at college for three years.
>
> 一方，こちらが現在完了進行形です。「3年間ずっと学んでいる」と継続を強調します。「～してきた」とか「～している」という日本語にだまされないよ

47

うに。現実には動作だけを問題にするより，その結果や影響まで述べることが多いので，基本的には現在完了形を使い，現在完了進行形は，継続の期間を表す語（for 〜，since 〜）がある場合だけにしましょう。

例3

世界の多くの国々は，生活水準を向上させるために工業化を推進してきた。しかし，その結果，今日では，オゾン層の破壊や地球温暖化など，人類の生存を危うくする深刻な公害問題に直面している。

A lot of countries in the world have pushed forward with industrialization to raise their standards of living. As a result, however, they are now faced with serious pollution problems which endanger human survival, such as ozone depletion and global warming.

「推進してきた」という日本語から判断すると，現在完了進行形にしてしまう可能性がありますが，As a result 以下に，はっきりとその結果が述べられているので完了形が適切です。

Lesson 19　時制

過去完了形は「過去の一時点」が明確なときだけ使う。

　過去完了形は，基準となる「過去のある一時点」がはっきりしている場合や，強調されている場合の完了，継続，経験にだけ用い，それ以外はすべて過去形を使います。過去のある動作より前の動作は過去完了形で表すという発想をすててください。過去完了形を使うべきときに使わない間違いより，使うべきではないときに使う間違いのほうが圧倒的に多いのです。過去形か過去完了

形か迷ったら，過去形にしたほうが「傷が浅くてすむ」と思ってください。

例1

子どものころ3年間中国に住んでいた。

I lived in China for three years when I was a child.

過去完了形を使うと考えた人が多いのではないでしょうか。でも，正解は過去形。過去の継続に過去完了形を使うのは，基準となる一時点がはっきり特定できる場合だけです。「子どものころ3年間」は，一時点とはいえません。

例2

学校に着いたときには，もう1時間目が始まっていた。

The first class had already begun when I got to school.

「学校に着いたとき」が基準となる過去の一時点をはっきりと示しているので，過去完了形になります。

例3

彼女はその会社に全財産をつぎ込んだといった。

She said, "I have invested all my money in the company."
➡ She said that she had invested all her money in the company.

過去完了形を使うべきもう1つのケースとして，現在完了形が時制の一致を受けた形があげられます。直接話法と間接話法を並べるとはっきりします。

Lesson 20 時制

未来を表すには4つの表現がある。

　英語で未来を表す表現は，① will，② be going to，③ 現在進行形，④ 現在形の4つがありますが，基本は①か②です。その違いは，①が今思いついた未来の動作で，②の be going to はすでに予定されている未来の動作という点です。「～へ行くことになっている」は is going to go to ～ だと単語がかぶってしまいますので，is going to ～（現在進行形で近い未来を表すことができる）か is going to visit ～ にします。

例

「留学生たちへのプレゼントを買いに，あの新しいショッピングセンターに明日行くのよ。私たちと一緒に行かない？」

"We're going to that new shopping center tomorrow to buy presents for the foreign students. Will you join us?"

「明日ショッピングセンターへ行くこと」はすでに予定されていることです。一方，「私たちと一緒に行かない？」は，今はじめて出た話題であり，今この場で相手に提案しているので，will を使います。

Lesson 21 時制

「最近，近ごろ，このごろ」を表す副詞と時制に注意！

　「最近，近ごろ」を recently で表す場合，時制は過去形か現在完了形を用い，現在形は使わないように注意しましょう。現在形を使うときは，nowadays， these days, now, today を使ってください。lately は現在完了形とともに使えますが，疑問文や否定文で用いられることが多い副詞です。recently や nowadays, these days, now, today で表現できますので，lately を使う必要はありません。

> **例**
>
> 最近日本人の活字離れが進んできている。
>
> **Recently Japanese people have been reading less and less.**
>
> 「～離れが進んできている」は「ますます～しなくなっている」と考えます。

Lesson 22 名詞・代名詞

名詞はつねに単複を意識する。

　名詞に可算名詞・不可算名詞の区別があるかどうかは，日本語と英語の大きな違いの一つです。英語を書くとき，数えられる普通名詞と，数えられない物質名詞，抽象名詞の違いを強く意識しましょう。可算名詞は，① a[an]＋単数形，② the[所有格，指示形容詞]＋単数形，③ 複数形，④ the[所有格，指示形容詞]＋複数形のいずれかで使います。普通名詞は①より③のほうが一般性が高いので，なるべく無冠詞複数形を使います。

　基本の確認になりますが，many や few の後は必ず複数名詞（可算名詞の複数形），much や little の後は必ず単数名詞（不可算名詞）を続けてください。私の経験では，「ほとんど～ない」という否定的な意味のせいか，a のつかない few の後に単数名詞を続ける間違いが多いようです。

> **例**
>
> ネコはとても知的な生き物らしい。
>
> **Cats seem to be very intelligent creatures.**
>
> 一般的にネコを指す場合，Cats は The cat や A cat よりずっと自然な表現です。

Lesson 23 （名詞・代名詞）
重要な不可算名詞に注意。

　不可算名詞といっても，意味によっては可算名詞として使われるものがほとんどです。ただし，次の名詞は絶対に数えないでください。つまり，a[an] をつけたり，複数形の 〜s をつけたりしないということです。不可算名詞は当然，3人称単数扱いです。

〈advice, information, news, progress, furniture, work（仕事），homework, weather, fun, speed, evidence, proof〉

　これら以外の抽象名詞・物質名詞は，形容詞がつくとき，つまり種類を問題にするときは，a[an] をつけたり，複数形にしたりします。

> **例1**
>
> 経験は理論にまさる。
>
> **Experience is more important than theory.**
>
> ここでは一般論としての「経験」なので，不可算名詞です。

Unit 2 減点されないための文法必須チェックポイント

例2

彼は、アメリカで不愉快な経験をした。

He had unpleasant experiences in America.

ここでは具体的に「経験したこと」なので、可算名詞です。抽象名詞でも、具体的な物を指しているときは、普通名詞化するのです。

Lesson 24 名詞・代名詞

名詞を限定する必要があるかどうかをいつも考える。

Unit 1 の Lesson 2 で説明したように、英語は文脈にたよらず、名詞を限定しなければならない場合が多いので、名詞を書くときには、たえず所有格や the や指示形容詞 (this, these, that, those) で限定する必要があるかどうかを考えてください。

例

アルバイトを始めてから 1 週間にしかならないが、もうすっかり仕事に慣れた。

It is only a week since I began to work part-time, but I have already got used to the job.

この「仕事」は働くことや、仕事をすること一般ではなく、1 週間前に始めたアルバイトのことですから、「そのアルバイトの仕事」と限定します。

Lesson 25 名詞・代名詞

「〜の一つ」は〈one of the［所有格］＋複数名詞〉。

　one of に続く名詞を単数形にしたり，限定されていない複数形にしたりするのは，最も典型的な間違いの一つです。one of 〜という表現は「〜」が2つ以上ないと成り立ちません。たとえば，「私たちが犯しやすい誤りの一つ」は，one of <u>the mistakes</u> we tend to make です。

> **例**
>
> 人と意思疎通する最善の<u>方法の一つ</u>は，相手のいうことに熱心に耳を傾けることだ。
>
> **One of the best ways** of communication is to listen to the other person as eagerly as possible.

Lesson 26 名詞・代名詞

no に続く可算名詞は単数形か複数形かを考える。

　no の後の可算名詞を単数形にするか複数形にするかは，その名詞が存在する場合に単数・複数のどちらが自然かを考えて決めます。「私は車をもっていない」は，ふつうはもっていても1台なので（I have <u>a car</u>.），I have no <u>car</u>. となります。一方「私には友だちがいない」は，友だちは複数存在することが自然なので（I have <u>friends</u>.），I have no <u>friends</u>. となります。ただし，どちらでもいい場合も多いので，あまり神経質になる必要はありません。

Lesson 27 名詞・代名詞

英語に訳さないほうがよい日本語をカット。

　くり返しになりますが,この本がめざしているのは完全な和文英訳ではなく,大学入試で合格点がとれる英作文を書くノウハウを身につけることです。受験生は,日本文にあるすべての単語をそのまま英語に移しかえようとします。しかし,その結果,できあがる英文は意味不明なものになりがちです。勇気がいるかもしれませんが,以下の色文字の日本語（名詞）は英語に訳さないようにしましょう。

例1

私たちは,周囲にあまりにもたくさんある文化財になれっこになって,その存在を [➡ それらを] 当然のように思いがちである。

We have grown so accustomed to the many cultural assets around us that we tend to take them for granted.

「存在」(existence) は,ここでは them で表せます。

例2

相手は全然たいした内容のことをいっていない [➡ 相手がいっていることは重要ではない] のに,それに対するまともな反論もできない自分が情けなくなることさえあります。

Though what the other person says is not so important, I can't argue properly against it, and even feel miserable about that.

「内容」(content) は，ここでは書かないか，「こと」と考えます。

例3

最近の大学生が電車の中でマンガに夢中になっている姿には[➡ なっているので，なっているのを見て] ひっかかりますね。

I feel a little disappointed to see college students today absorbed in comic magazines on trains.

「姿」(figure) はここでは不要で，「〜を見て」と考えます。

例4

本を速く読む必要は全くない。情報を得るという側面から見ると，速さと量が問われるものの，それは本来の読書行為[➡ 真の読書] ではなく，ほかの何物かだ。

You don't have to read books fast at all. From the viewpoint of obtaining information, how fast and much you read may be important, but such reading is something different from true reading.

「行為」(action, act, conduct, deed) はここでは不要で，reading で十分です。「速さと量」を名詞節で表現しているところにも注目。

　上記の例以外の名詞でも，「型」「面」「点」「〜のほう」「〜的環境」（たとえば，「衛生的環境」「職場的環境」）「現象」「〜の世界」（たとえば，「ビデオゲームの世界」は「ビデオゲーム」だけでよい）といった名詞は，訳さないほうが無難です。

Lesson 28 名詞・代名詞
英語に訳すとき、とくに注意が必要な名詞をマークしよう。

　名詞にはいつも慎重に対処しなければなりませんが、ここではとくに取り扱いに注意の必要な名詞をチェックします。英語の名詞は日本語の名詞にくらべて、意味が限定されていて、守備範囲がせまいといえます。たとえば、promiseもappointmentも日本語では「約束」ですが、前者は「なにかをする約束」であるのに対して、後者は「人と会う約束」を意味し、はっきりと使い分ける必要があります。

例1

● 心

何気なく接しているために、音は空気のように「あって当たり前」のものとして扱われているのだ。しかし、同じ音でもそのときの気分により、安らぎを感じたり、逆に神経を逆なでされたりする。音とは、人の心を左右する摩訶不思議な存在だ。

Since you are constantly exposed to sounds without realizing it, they are taken for granted, like air. But the same sound may relax you or get on your nerves, depending on your feelings. Sound is a mysterious thing that can influence how you feel.

「心」は、とてもあやふやな言葉です。次のように大きく4つの英語に訳せます。①feelingsは「人の感情、気分」という意味での「心」。②mindは「人の精神、思考」という意味での「心」。①と②の区別は重要ですが、①が「感じる」で、②が「考える」だと思ってください。③heartは「温かい（warm）」や「冷たい（cold）」などの形容詞をつけて使う、他人に対する心情。④spiritは「魂がやどる場所」で、bodyに対応して使います。なかなか複雑ですが、入試の「心」の8割は、feelings（必ず複数形です）か、how one feels で書けるので安心してください。「そのときの」という日本語も、とくに訳す必要はありません。

例2

● ～力，～する力

日本の学生はほかの先進国の学生より2倍長くテレビを見るが、読書時間は半分以下である。想像力は弱くなり、学力は落ちている。

Japanese students spend twice as much time watching TV but less than half as much reading as those in other advanced nations. Therefore they've become less imaginative and intelligent.

「～する力がある」は have the ability[capacity/power] to V ～ や、can V ～ で表せますが、「～力が強く［弱く］なる」は、become more[less] ～ で表現しましょう。「学力」は直訳すると scholarship か learning でしょうが、「学力が落ちる」つまり「理解力がなくなる［頭が悪くなる］」と考えます。

例3

● 態度，姿勢

私は頑固者だとよくいわれるが、仕事に対する姿勢がまじめだからそういわれるのだ。

I am often said to be obstinate, because I devote myself fully to my work.

attitude は、具体的な説明をつけにくい名詞で One's attitude is serious. とはいえません。「～という態度，姿勢」といいたい場合は、別の表現を使うのが安全です。「まじめに働く」「仕事に専念する」のように変換します。

Unit 2 減点されないための文法必須チェックポイント

例4

● 技術

20代で大切なことは，プライバシーを守る技術を身につけることだ。

What's important when you are in your twenties is to learn the way [how] to protect your privacy.

technique は主に「芸術上の技法」，skill は「長い年月をかけた熟練の技術」を意味しますので，どちらも避けて，how to V 〜 か the way to V 〜 を使ってください。

例5

● 環境

最近では地球の安全さえも脅かしかねない環境問題が，人々の関心を集めている。いずれにしても自然環境がさらに悪化しないように，問題解決に努めなければならない。

Recently environmental problems which may endanger the safety of the earth have become a matter of public concern. In any case, we have to make efforts to solve them to prevent further deterioration of the environment.

environment には①「自然環境（この意味のときには，必ず the environment）」と，②「人の生活に影響を与える環境」の2つの意味があり，入試英作文において「環境」の意味で最も使う可能性が高い単語です。surroundings（複数形で）は「人を取り巻く地理的な環境（まわりに山や海があるなど）」を表し，circumstances（これも複数形で）は環境というよりも，「人が置かれている周囲の状況」を表します。「物理的環境」など，「〜的環境」は訳さないでください。なお，「生活状況」のような比較的せまい状況には conditions を，「政治状況」のような広いものには situation を使います。

例6

● **言葉, 文**

かぜは万病のもと, という言葉がある。

It is often said that a cold may lead to many diseases.

たいていの受験生は,「言葉」を a[the] word と訳しますが, a[the] word は文字どおり1語の単語を意味します。2語以上になると, words か a[the] phrase で, 文になっていれば a[the] statement です。sentence は主に疑問文, 平叙文といった文法上の文の種類を指すために使うので, なるべく書かないほうが無難です。また,「言語」の意味で使われているのであれば, a[the] language です。「～という言葉[文句, 文]がある」は, すべて, It is often said that ～ で書いてください。絶対に同格の that を使わないこと。There is a word that ～ は最悪です。

これまでの例以外に, 以下の日本語にも要注意。

例7

①田舎, 海, 空, 空気, 天気

「田舎」は必ず the country。形容詞はつけないで使います。「静かな田舎」という場合は, a[the] quiet countryside。「海」「空」「空気」「天気」も定冠詞をつけて使いましょう (the sea, the sky, the air, the weather)。

②自然

いつでも nature。nature は自然全体を指す単語なので, 限定できず, 修飾語は一切つけられません。したがって, 日本語で「美しい[雄大な]自然」といえても, beautiful[grand] nature とはいえません。その場合, 形容詞の natural を使って beautiful[grand] natural surroundings という表現にします。

③人, 人間, 人類

human beings/humans/mankind/humankind/humanity/the[our] species などいろいろな表現がありますが, 無難なのは people や we です。

なお，human being も human も可算名詞なので，複数形にすることを忘れないように。単数形の「人」は，a person よりも someone が自然です。

④相手

ただ，「人」と表現すればすむことが多いのですが，「話の相手」のように，1対1で対応する相手には，the other person をあてます（この場合は，person を使わざるをえません）。opponent は「競う相手」です。

⑤勉強，遊び，仕事

動詞はふつう，動名詞か不定詞にしないと名詞の働きができませんが，study, play, work はそのまま名詞として使えます。studying, playing, working よりも自然です。「勉強」は your studies のように，所有格をつけて複数形で使うこともよくあります。

⑥ヨーロッパ人，アメリカ人

European や American を形容詞ではなく名詞として使うときは，Europeans（1人なら a European），Americans（an American）にします。単複同形の Japanese と混同する受験生が多いようで，無冠詞単数の形（European, American）で使ってしまうミスをよく見ます。もちろん，形容詞として使って，European people, American people とするのは問題ありません。

Lesson 29　名詞・代名詞

名詞のくり返しを避け，できる限り代名詞を使おう。

日本語では，同じ名詞を何度くり返しても問題ありませんが，英語では，名詞は2回目以降，代名詞に置き換えます。ただし，指している名詞が文中で遠く離れているときや，男女の区別が必要なときは，〈the＋名詞〉にすることもあります。

> **例**

私の父は教員で経済的には豊かとはいえなかったけれど、毎日の暮らしの中で楽しみを見つけることの大変じょうずな人でした。私がいろいろな物事に興味をもって勉強するようになったのは、父の影響だと思います。

My father was a teacher and far from rich, but he was very good at finding pleasure in everyday life. It was because I was influenced by him that I became interested in various things and started studying them.

Lesson 30 　名詞・代名詞

itを使ったとき、指している名詞の単複を確認する。

　複数名詞を it で置き換えてしまう間違いは、本当に多いです。受験生は「they は人を指すときにしか使えないので、物を指す代名詞にはすべて it を使うべし」という強迫観念にかられているかのようです。it や they を使うときには、それらが指している名詞が「人」か「物」かより、単複を確認してください。また、指している名詞がなかったり、なにを指すのかがはっきりしない代名詞があったりすると、大きな減点の対象になりますから、注意しましょう。

> **例**

最近では、エネルギーを節約して環境汚染を減らしていく上で、自動車より鉄道のほうが利点が多いと考えられており、その役割はますます重要になっていくだろう。

Unit 2 減点されないための文法必須チェックポイント

Nowadays it is thought that railroads are more advantageous than automobiles in saving energy and reducing environmental pollution. Their role will become more and more important from now on.

鉄道を railroads や railways と書いたとき,「その役割」はもちろん, its role ではなく their role です。their roles ではないかと疑問をもつ人もいるかと思います。確かに原則として, 主語が複数形のときの補語や目的語, 複数形の名詞・代名詞の所有格に続く名詞は, 複数形になります。たとえば They are a high school girl. は間違いです。ところが微妙な場合もあって,「たいていの人は携帯電話をもっている」は Most people have cell phones. が自然ですが,「1人1人がもっている携帯電話は基本的には1台」と考えて, Most people have a cell phone. としても間違いではありません。この例では, 鉄道がもっている役割を全体で1つと考えて単数形にしました。ただ, この点に関してはあまり考えすぎると混乱しますので, 受験生はすべて複数形を使ったほうが安全です。

Lesson 31 名詞・代名詞

itとoneを使い分ける。

　人以外のものを指す単数形の名詞は, いつでも it で置き換えられるわけではありません。it は〈the +名詞〉の意味で,「この世でたった1つの〈名詞〉」を指すのに対して, one は〈a[an] +名詞〉の意味で,「どんな〈名詞〉でもいいもの」を指します。たとえば, 次のように使い分けます。

例1

私は時計をなくして, 今さがしているところです。
I have lost my watch, and I am looking for it.
私がなくした時計はこの世で1つしかないものなので, it です。

私は時計を盗まれたので，買わなければならない。
I had my watch stolen, so I have to buy one.
買う時計はどんな時計でもいいので，one です。

例2

ペットを選ぶ前に，なんのために（ペットを）飼うのか，よく考えることがとても重要である。

Before choosing a pet, it is very important to think over why you will have one.

飼うペットはどんなペット（犬，猫，ウサギ，カメ，トカゲ……）でもいいので，one を使います。

Lesson 32 名詞・代名詞
「人」はtheyで指せるように，なるべく複数形で表そう。

　人を表す名詞は複数扱いの people が無難で，代名詞は男女の区別が問題にならない they で指しましょう。また someone, everyone, everybody, nobody は単数扱いですが，代名詞に置き換えるときには，he or she ではなく they を使いましょう。

例

知的職業に従事する者は，ときには視点を変えてみることが必要です。

It is sometimes necessary for people who engage in intellectual occupations to change their points of view.

「〜する人々」は people who V 〜 で表します。基本的に the はつけません。the ＋複数形は全体をカバーしますが，「〜する人々」はかなりの数になることが多く，全体を意識できないからです。the person who V 〜 にすると，「〜する人」が1人になってしまうばかりか，they で指すことができませんし，現在形なら V に3単現の s が必要になり，ミスしやすいポイントが増すばかりです。どうしても単数形にしたいときは，someone who V 〜 にします。persons who V 〜 という表現も，書かないようにしましょう。person は基本的に単数形で使う単語で，「人々」と複数を示すときは people を使ってください。

Lesson 33 名詞・代名詞

複数名詞につけるアポストロフィsに注意。

　人や生物を表す名詞の所有格は，名詞 's です。これはほとんどの受験生が書けますが，名詞が複数形のとき，問題が生じます。s で終わる複数名詞を所有格にする場合，〜 s's の最後の s を省略し，〜 s' という形になります。

例1

その**少女の**父親
the **girl's** father

その**少女たちの**父親
the **girls'** father

　ところが，a や the や所有格や指示形容詞（this, that, these, those）がつ

いていない〈名詞's〉を書く生徒がたくさんいます。可算名詞を単独で使えるのは複数形の場合だけ。したがって、〈a＋名詞's＋名詞〉はありえても〈名詞's＋名詞〉はありえず、〈名詞s'＋名詞〉でなければダメです。アポストロフィsに関して、other'sやhuman'sもよくある間違い。otherは形容詞ですから、アポストロフィsをつけることはできません。「他人の～」は～ of othersかothers' ～（othersは代名詞）。humanは形容詞としても使えますから、わざわざ所有格にする必要がないのです。

例2

人体

○ **the human body**
× **the human's body**

Lesson 34 名詞・代名詞

one anotherとeach otherを正しく使おう。

　one another と each other を「お互いに」の意味の副詞として使う生徒をよく見かけますが、実際には「お互い」の意味の代名詞ですので、以下のように必ず動詞や前置詞の目的語として使ってください。

例1

彼らはお互いの顔を見合わせた。

○ **They looked at each other.**

Unit 2 減点されないための文法必須チェックポイント

> ✗ They looked each other.

　また,これらの言葉は「だれとだれがお互い」なのかがはっきりしていないと使えません。ですから「お互い」を英語にするには,people や others で表現すべき場合が多いのです。

例2

あいさつというのは,身ぶりや言葉の慣習的な交換のことであり,それによって<u>互いの</u>地位や親しさの度合いなどが確認される。

Greetings mean a customary exchange of gestures or words by which people's status or closeness can be confirmed.

日本文に「互いの地位や親しさの度合い」とありますが,ここでは「互い」が「だれとだれが互い」なのかがはっきりしていないので,one another や each other は使えません。people's[others'] status or closeness とすればよいでしょう。

Lesson 35　名詞・代名詞

事物を表す単数名詞はit、複数名詞はtheyで置き換える。

　this や that は単語より文(の一部)を指すことが基本で,these や those は代名詞としてよりも形容詞として使われることが圧倒的に多い語です。事物を表す単数名詞は this や that ではなく it で,複数名詞は these や those ではなく they で置き換えましょう。they の所有代名詞(〜のもの)は themselves です。theirselves (✗) という単語はありませんから,くれぐれもご注意を。

前文を指すときは，this や that が好まれます。

Lesson 36 　名詞・代名詞
〈名詞＋of＋代名詞〉をむやみに使わない。

　代名詞には所有格があるので，所有関係を表す「AのB」は〈代名詞Aの所有格＋B（名詞）〉で表現し，Aが無生物を指す代名詞である it と they を除き，〈B（名詞）＋ of ＋代名詞Aの目的格〉は使いません。人を指す代名詞のときは，絶対に使ってはいけません。ところが，「彼の生活」を the life of him と書く受験生が後をたたないのです（正しくは his life）。「AのB」の書き方は Lesson 95 でも取り上げますが，むやみに of を使わないように気をつけてください。

Lesson 37 　名詞・代名詞
文全体の代名詞を統一する。

　文全体の代名詞の統一に，気を配りましょう。受験生の間違いで最も典型的なのは，1つの文中で people を we で指したり they で指したりするものです。people は必ず they で置き換えましょう。人間に関する一般論の場合には，people や one を使わずに，すべて you（動物と対比する場合は we）を主語にするとよいでしょう。また，文脈から日本人が書いていることがはっきりわかる（「私たち日本人」や「われわれ日本人」という表現がある）場合をのぞき，英米人の立場に立ち，Japanese people を指す代名詞は they にします。「日米間の諸問題」は the problems between the US and Japan であって，the problems between Japan and the US ではありません。アメリカを先に置きます。慶應大学の学生が「早慶戦」ではなく「慶早戦」というようなものです。

> **例1**
>
> 虹にはいくつの色があるかと日本人に尋ねれば，7つに決まっているさ，という答えが返ってくるだろう。
>
> **If you ask Japanese people how many colors there are in a rainbow, they would answer, "Seven, of course."**

> **例2**
>
> 人間だれでも年をとる。年齢を意識しない間は，若さを楽しむことができるが，自分が年をとることに気づいた瞬間から人はかしこくなる。
>
> **Everyone grows old. They can enjoy their youth as long as they are not conscious of their age, though they become wise the moment they realize they grow old.**

> **例3**
>
> 自然が破壊されれば，人間も生きてはいけない。人と自然がどう共生していくか，今，1人1人が考えるべき時期にきている。
>
> **If nature is destroyed, we will also be unable to live. Now is the time for every one of us to consider how to coexist with nature.**
>
> everyone は of で限定されるとき，every one と2語になります。代名詞は2つ並べられませんので，every one of us と，〈代名詞＋ of ＋代名詞〉の形になります。

> #### 例4
>
> われわれ日本人は,一般に他人とかけ離れた行動をとることを好まない。
>
> **We Japanese** generally don't like to behave extremely differently from other people.

Lesson 38 名詞・代名詞
数量を表す語を代名詞で使うとき,ofに続く名詞に注意!

　数量を表す語(all, most, many, much, some, any, few, little, each, both, either, neither, one など)は形容詞としても代名詞としても使えます(ただし,every, no は形容詞,none は代名詞としてのみ)。代名詞として使うとき,of に続く名詞は必ず the や所有格で限定するか,限定された代名詞(them, it, us など)を使います。

> #### 例1
>
> 昨日はほとんどの学生が欠席した。
>
> ○ Most of **the** students were absent yesterday.
> × Most of students were absent yesterday.

　of の後に限定されない名詞を続ける間違いをしやすいことや,この表現は of の後の名詞の数があまり多くない場合に限られることから,数量を表す語は形容詞として使うほうが安全です。

> **例2**
>
> 日本のたいていの学生がアルバイトをする。
>
> **Most Japanese students** work part-time.

ただし，of の後が代名詞のときは別です。

> **例3**
>
> 彼らの大部分が大学時代にアルバイトをした。
>
> **Most of them**（✗ Most them） worked part-time when they were college students.

Lesson 39　修飾語［冠詞］
a[an] とtheを使い分けよう。

　冠詞は難しいので，なるべく冠詞を使わないで書くことをおすすめしますが，そうはいっても冠詞を全く無視して英語を書くことは不可能です。最低限の知識は身につけてください。もっとも，冠詞を完ぺきに使いこなせる受験生はいませんから，あまり神経質になる必要はありません。

　〈a[an] ＋単数名詞〉は，その名詞が2つ以上存在していてそのどれか1つを表し，〈the ＋単数名詞〉は，その名詞が1つしかないことを表します。〈the ＋単数名詞〉を使うときには，the only one の意識をもってください。

　「京都は日本の古都です」を Kyoto is <u>the</u> ancient capital of Japan. と訳すと，京都遷都以前に都であった奈良の立場がなくなります。Kyoto is an ancient capital of Japan. が正しい表現です。

　a と an の間違いもよくあります。a か an かは後ろの名詞のつづりではなく

音で決まります。「ある大学」を an university と書く生徒は後をたちませんが、この場合の u の発音は [u] ではなく [ju] なので、a university が正しいのです。

また、関係代名詞の先行詞に the がつくと思い込んでいる人も多いようですが、そんなことはありません。あくまでも、先行詞の名詞が、2つ以上あるものの1つか、たった1つしかないかで、a[an] か the かが決まります。

「これは私が以前住んでいた家です」は a house も the house も可能です。1度しか引っ越しをしたことがなく、以前住んでいた家が1軒しかなければ、This is the house where I used to live. で、2回以上引っ越した経験があり、以前住んでいた家が2軒以上あれば、This is a house where I used to live. になります。

一方、「私が生まれた家」は絶対に1軒しかないので、the house where I was born としかいえません。

Lesson 40　修飾語［冠詞］
〈the＋複数名詞〉は全体をカバーする。

〈the＋複数名詞〉は、その名詞全体を完全にカバーします。the United States of America の the が代表的な使い方で、50州すべてを統合しないと「アメリカ合衆国」になりません。

だから、people のように数が多くて全体を意識することが難しい場合は、関係代名詞で限定されていても、the をつけないほうが自然なのです。「パーティの出席者」ぐらいであれば、それほど多くはないので、the people who attended the party となることも十分に考えられます。〈the＋複数名詞〉を書くときは、〈all the＋複数名詞〉の意識をもってください。迷ったら無冠詞複数形で書くことをおすすめします。

Unit 2 減点されないための文法必須チェックポイント

Lesson 41 修飾語［冠詞］

1つしかありえないものにはtheをつける。

　一般的に〈of ＋名詞［動名詞］〉, to 不定詞, 同格の that で限定される名詞には the をつけることが多いといえます。たとえば,「ある人の名前」というとき, 人はだれでもよいが, その人の名前はふつう1つしかないので, the name of a person となります。このように, 理屈の上で1つしかありえないものには, the をつけます。したがって,「ある山の頂上」は the summit of a mountain となります。

例

コンピュータを扱うことになると全く不器用なので, 私は画面上で文章を練ることはできない。

I am all thumbs in using a computer, so I cannot polish my writing on the screen.

コンピュータはどんなものでもかまわないので, a computer ですが, どんなコンピュータでも画面は1つしかありませんから, the screen。

　また, 冠詞のミスを減らすためには, この表現には the がつくという具体例をできるだけたくさん覚えることが効果的です。たとえば,「温室効果」は the greenhouse effect で the をつけますが,「地球温暖化」は global warming で無冠詞です。the environment（自然環境）, the country（田舎）, the sea（海）, the sky（空）, the air（空気）, the weather（天気）のように文脈に関係なく the がつく名詞は覚えていきましょう。

Lesson 42 修飾語[関係詞]

関係代名詞の格は，文の主語を中心に考える。

「私たちが長い間会っていない人と会うと」を英作文させると，when we meet people <u>who haven't met us</u> for a long time と書いてしまう場合が多いようです。しかし正しくは，when we meet people <u>we haven't met</u> for a long time のように，people 以下は主語の we から見た関係で書くのが原則です。

例

訪れた異国について語ろうとするとき，私がまず思い浮かべるのは，私と言葉をかわした人の顔である。

When I am going to talk about a foreign country I visited, what I remember first is the faces of people I talked with in the country.

英文の色文字部分を people who[that] talked with me と書く生徒が多いようです。主語が I ですから，関係代名詞以下も I を主語にしてみましょう。英文の people の後には関係代名詞の whom[that] が省略されています。主格の関係代名詞は原則として省略できませんので，I を主語にしたほうが 1 語短く書けますね。

Unit 2 減点されないための文法必須チェックポイント

Lesson 43 修飾語[関係詞]
名詞の修飾は2つ以上あるものを区別するために使う。

　これまでに説明したように，日本語はどんな名詞・代名詞も修飾可能ですが，英語の修飾の基本は2つ以上あるものを区別，限定するという考え方です。したがって，もともと1つしかないものには修飾語をつけることはできません。it と they を関係代名詞の先行詞にする受験生がいます。絶対にダメです。I, we, you, he, she, they, it といった人称代名詞には，関係代名詞に限らず，どんな修飾語もつけられません。

Lesson 44 修飾語[関係詞]
関係詞を使うときは，後ろの文構造をチェック。

　関係代名詞を使うとき，後ろの文の中に代名詞が消えている個所があるかどうか必ず確認してください。関係代名詞の後に完全な文を続けたり，関係代名詞か接続詞かわからない that を使ったりというのが，受験生にありがちな間違いです。なぜか what の後が一番間違いやすいようです。慶應大学の正誤問題でよく出題される what we talked がなぜ間違いかというと，talk が自動詞だからです（正しくは what we talked about）。なお，「〜すること（もの）」は the thing which や things that などよりも what を使ってください。冠詞や単複の問題がなく，語数も少なくてすむからです。

　とくに先行詞が場所を表す名詞のとき，関係代名詞（which/that）にすべきか，前置詞＋関係代名詞（in/at/on + which）や関係副詞（where）にすべきかどうかをつねに意識してください。また，〈前置詞＋関係代名詞〉や関

係副詞の後に，いきなり動詞が続く文を絶対書かないようにしましょう。

> **例**
>
> 京都は寺が多いことで有名な古い町だ。
>
> ○ Kyoto is an old city which is famous for its many temples.
> × Kyoto is an old city where is famous for its many temples.

Lesson 45 修飾語［関係詞］
関係詞を限定用法で使うか，非限定用法で使うかに注意！

　先行詞が，2つ以上あるものなのか，1つしかないものなのかを強く意識して，関係詞を限定用法で使うか，非限定用法（先行詞と関係詞の間にコンマを打つ）で使うかをつねに考えてください。基本的に地名や人名が先行詞のときは非限定用法にします。たとえば，「彼女が生まれた横浜は美しい街です」を，Yokohama where［in which］she was born is a beautiful city. と書くと，「彼女が生まれた横浜」と「彼女が生まれなかった横浜」という複数の横浜が存在することになりますので，注意してください。この場合，where の前にコンマが必要で，is の前にもコンマを打ちます。すなわち，Yokohama, where［in which］she was born, is a beautiful city. が正しい文です。日本語の名詞修飾は，限定だけではなく理由を表すことも多いのですが，その場合は非限定用法になります。もっとも，必ずしも関係詞を使う必要はありません。

Unit 2 減点されないための文法必須チェックポイント

例1

これだけテレビが発達した日本では，テレビのない生活を想像することは難しいだろう。

It would be difficult to imagine what it would be like to live without television in Japan, where television sets have become so popular.

日本は1つしかないので限定できません（「100年前の日本」のように，違う時代の日本を指すときだけは限定用法も可）。

例2

世界で最も広く通用する英語が自由に話せれば，いろいろな国の人たちと交流できるだろう。

If you have a good command of English, you will be able to communicate with people from many countries, because it is the most widely spoken language in the world.

「英語」は「簡単な英語」(easy English)，「イギリス英語」(British English) のように限定することはありますが，基本的には修飾しにくい名詞です。ですから，「英語は，世界で最も広く通用する言語なので，自由に話せれば～」と，理由として表現すればうまく書けます。このように，日本語の修飾関係を，英語では修飾関係を使わずに表す場合が少なくありません。

Lesson 46　修飾語［関係詞］

名詞の修飾に関係代名詞を多用しない。

名詞を修飾するとき，すぐ関係代名詞を使う生徒がいますが，形容詞［分

詞］が1語なら〈形容詞［分詞］＋名詞〉，形容詞に前置詞句が続いていたり，分詞に目的語や修飾語がついていたりして，名詞を修飾する語が2語以上のときは，〈名詞＋形容詞［分詞］〜〉で表し，関係代名詞を使う必要がないのです。ところが，「背の高い少年」を a boy who is tall と書く生徒は驚くほど多くいます（もちろん，a tall boy です）。〈主格の関係代名詞＋be 動詞〉はいつでも省略できます。したがって，the girl who is running there と the girl running there は同じ意味を表すわけですが，後者で書きましょう。〈主格の関係代名詞＋be 動詞〉は書く必要のない場合が多い表現です。1語でも短く書く，このことをいつも肝に銘じてください。そういう意味では，名詞の修飾においては，関係代名詞より分詞のほうがすぐれている場合があります。

　いずれにせよ，同格も具体例もすべて関係代名詞で書く生徒が結構いることは事実です。たとえば，「彼の妹であるその少女」を the girl who is his sister と書いてしまうのです。しかし，これは同格関係（the girl = his sister）であって限定ではありませんので，関係代名詞は使えません。書くとすれば，the girl, his sister です。

> **例**
>
> **日本にいるアメリカ人は，自分たちがプライベートなことと思っている事柄についてよく聞かれる。**
>
> **Americans staying in Japan are often asked about matters they regard as private.**
>
> Americans who are staying[living] in Japan より，現在分詞を使って，Americans staying[living] in Japan とするほうがスマートです。

Unit 2 減点されないための文法必須チェックポイント

Lesson 47 修飾語［関係詞］
主格の関係代名詞は省略せず，目的格は省略する。

主格の関係代名詞は省略しないでください。逆に，目的格の関係代名詞はなるべく省略しましょう。1語短くできます。

> **例**
>
> 都会に住んでいる人は，田舎の生活にあこがれる。
>
> ○ People who live in cities yearn for country life.
> × People live in cities yearn for country life.
> ○ People living in cities yearn for country life.

Lesson 48 修飾語［形容詞・副詞］
名詞と形容詞，動詞と副詞の組み合わせに気をつけよう。

〈形容詞＋名詞〉,〈動詞＋副詞〉の組み合わせは日本語と英語とではかなり違います。たとえば，「私は懸命に走った」は，I ran as hard as possible. ではなく，I ran as fast as possible. というほうが自然です（hard で修飾できる動詞は意外に少なく，入試で出される動詞では，study, work, try, rain, snow など）。

また，「～を深く考える」や「～をよく考える」という言葉が入試ではよく出題されますが，think deeply ～ や think well ～ とは書かずに，どちらも

think over ~ か consider を使ってください。日本語の「深い, 深く」が広い修飾範囲をもつ言葉であるのに対して, deep(ly) は be deeply impressed (深く感銘を受ける) や regret deeply (深く後悔する) のように, 感情表現以外には使わないほうが安全です。

　理想をいえば, 名詞と形容詞, 動詞と副詞の組み合わせ (collocation) を1つでもたくさん覚えることです。たとえば increase, decrease を強調する副詞が remarkably であることなどです。しかし, もちろんそれには限界があります。

　そこで, 強調の形容詞・副詞として最も幅広く使えるものとして, great, greatly をあげておきます。ただし, 悪い意味には使えませんので, 注意してください。very, quite, extremely もかなり幅広い形容詞につけられますが, 動詞は修飾できません。

　また, やたらと very much を使う受験生がいますが (Thank you very much. や I like it very much. といった表現の印象が強すぎるのでしょう), 形容詞の原級を修飾できないなど, 使えないケースも多いので, あまり使わず, より意味の限定された副詞を使いましょう。

　much は疑問文や否定文で動詞を修飾できますが (肯定文の場合は very much), very much と同様に, 意味がはっきりとした別の副詞を使うなどして, ほかの表現を考えてみてください。たとえば「本をあまり読まない」というとき, don't read much は OK ですが, don't read books so much は不自然で, books を使うなら don't read many books にします。

例

私たち日本人は東南アジアの人々に誤解されているとよく不満をいう。しかし, それならば, 私たち日本人は彼らを正しく理解しているかどうかを問わなければならない。

We Japanese often complain that we are misunderstood by people in Southeast Asia. But then, we have to ask ourselves whether we well understand them.

understand 自体が「正しくわかる」という意味ですから, understand

> right[correctly] は意味がだぶってしまいます。well understand（well は前に置きます）や understand fully[clearly] を使います。

Lesson 49　修飾語[形容詞・副詞]
いつでも，どこでも，品詞を意識する。

　序章で指摘したように，英語は品詞の意識がとても大切です。英語を書くときには，形容詞や副詞がなにを修飾しているかをいつも意識してください。次の2つの文はどちらが間違っているでしょうか？

① He came to the office earlier than usual.

② I solved this problem easier than that one.

　early は形容詞も副詞も同じ形です。① の earlier は副詞 early の比較級で動詞の came を修飾しており，問題ありません。一方，easy は形容詞で，副詞は easily。② は形容詞 easy の比較級 easier で動詞を修飾するミスを犯しています。「私はあの問題よりもこの問題を簡単に解いた」の意味にするには，easier を more easily にしなければなりません。

　また，「～はとても楽しい」を It is very fun that ～ と書く人がたくさんいます。fun は名詞ですから，副詞の very で修飾できません。形容詞の great で修飾するか（It is great fun that ～）か，fun を形容詞の pleasant や enjoyable にしましょう。

　前置詞と接続詞の区別も重要です。前置詞には名詞，代名詞，動名詞，名詞節が続き，接続詞には S + V が続きます。私の授業では，前置詞の in spite of を接続詞として使う間違いをよく見かけます。理由はわかりませんが，受験生はなぜか in spite of が好きなようです。

> **例**
>
> 雨が激しく降っていたけれども，スージーは出かけた。
>
> ○ Susie went out though it was raining heavily.
> ○ Susie went out in spite of the heavy rain.
> × Susie went out in spite of it was raining heavily.

　譲歩については Lesson 100 で取り上げますが，接続詞が though, although, even if[though] で，前置詞が in spite of, despite です。despite は 1 語の前置詞。絶対に of をつけないでください。

Lesson 50　修飾語[形容詞・副詞]
人を主語にできる形容詞かどうかを判断する。

　形容詞を使うとき，人を主語にできる（人を修飾できる）形容詞かどうかを意識しましょう。「～することは幸いだ」を It is happy that ～ と書く人がいますが，これはいけません。happy は人しか主語にできないからです。正しくは It is fortunate that ～ です。

　「～は確かだ」を It is sure that ～ としてしまうミスもよく見かけます。sure は「人がなにかを確信している」という意味だけで使うようにしてください。certain は It is certain that ～ でも，I am certain[sure] that ～ でも使えます。

　Ving 型の形容詞（人にとって～だ→ surprising, refreshing, exciting, pleasing, disappointing, confusing, boring など）と Ved 型の形容詞（人が～だと感じている→ surprised, refreshed, excited, pleased, disappointed, confused, bored など）も混同しやすいので，要注意です。

> **例**
>
> 風に吹かれて自転車を走らせるときはそう快だ。
>
> ① You feel refreshed on a bicycle with a comfortable breeze on your face.
>
> ② It is refreshing to ride a bicycle feeling a comfortable breeze on the face.
>
> 「そう快だ」は人を主語にすれば refreshed,「走らせること」を主語にすれば refreshing です。

Lesson 51 　修飾語[形容詞・副詞]

many, muchを正しく使い分ける。

many と much は原則として，否定文と疑問文で使いましょう。主語としてはよいとしても，動詞の目的語としては肯定文では原則として使わないでください。肯定文での「多くの」は可算名詞にも不可算名詞にも使える a lot of で表しましょう。たとえば，以下のように使い分けます。

> **例1**
>
> 彼には多くの友だちがいる。
>
> ○ He has a lot of friends.
> △ He has many friends.
>
> 彼にはあまり友だちがいない。
>
> ○ He doesn't have many friends.

また，「〜は多い［少ない］」や「〜は多くなる［少なくなる］」を，S are many[few]. ／ S become more[fewer]. とは書かないようにしましょう。many, few はふつう 1 語で補語になることはありません。

　「〜する…は多い［少ない］」は「多くの［少ない］…が〜する」，また「〜する…は多くなる［少なくなる］」は「ますます多くの［少ない］…が〜する」と考えます。

　また，「〜する人はまれだ」を 〜 be rare と書く人が多いのですが，rare は「希少な」の意味なので，やはり「〜する人はほとんどいない」と考え，〈Few ＋人〉を主語にして書きましょう。

例2

アルバイトをする高校生が多い。

○ **Many** high school students work part-time.
× High school students who work part-time are **many**.

電車で本を読む人が少なくなっている。

○ **Fewer and fewer** people are reading on trains.
× People who read on trains are becoming **less[fewer]**.

Lesson 52　修飾語［形容詞・副詞］
「近い」「遠い」の正しい表し方を身につけよう。

　「場所が近い」という意味の near は前置詞として使います。したがって，「私の家は駅に近い」は My house is near to[from] the station. ではなく，My house is near the station. です。名詞修飾の形容詞として使うときは nearby にしてください（形容詞としての near は a near relative（近い親類）

のように，場所以外の近さなら OK です）。

nearby は名詞を前からも後ろからも修飾できます。

> **例1**
>
> 家の近くの公園
>
> **the nearby park/the park nearby/the park near my house/ the park close to my house/the park in my neighborhood**

なお，closely は「綿密に，念入りに」の意味です。「近くで［近くに］」の意味では絶対に使わないように。

一方，「遠い」は名詞修飾の形容詞としては，far ではなく faraway か far-off を使いましょう。「遠くの国」は faraway［far-off/distant/remote］countries。また，肯定文で副詞として使うとき，far は1語では使えず away か off をつけます。

> **例2**
>
> 私たちは遠くへ行った。
>
> ○ We went far away［off］.
> × We went far.
>
> 私たちは遠くへ行かなかった。
>
> ○ We didn't go far.

Lesson 53 修飾語[形容詞・副詞]

sameを正しく使いこなそう。

　sameには必ずtheをつけて，後ろは単数形にします（sameには代名詞としての用法もあります。その場合も必ずthe sameとなります）。a sameやsame〜sとは書かないようにしましょう。

　また，the same 〜 as[that] ...ように，なにと同じかをはっきりさせて使うことが基本なので，「同じ」という日本語をsame以外の単語で訳さなければならない場合が，よくあります。具体的には次の例のように，「同じ〜」を「ある〜」と考え，a certain 〜 と表現するとうまくいくことが多いです。

> **例**
>
> 音には不思議な力がある。そのときどきの気分によって，同じ音が人を楽しくさせたり，憂うつにさせたりする。
>
> **Sound has a mysterious power. A certain sound may make you happy or depressed depending on what mood you are in.**
>
> この文の「同じ音」は，なにかと同じ音というのではなく，「ある1つの音」という意味です。

Lesson 54 修飾語[形容詞・副詞]

形容詞を2つ以上並べるときの語順に注意。

　1つの名詞に2つ以上の形容詞をつけるとき，その語順が問題になります。

絶対に守らなければならないのは，〈①冠詞，指示形容詞（this, that, these, those），所有格，②序数（first, second, third ...），③数量形容詞，④性質形容詞〉の語順です。all, both は要注意な例外で，③でありながら①よりも前に置きます（all the students, both his parents など）。

④の性質形容詞はさらに種類によって順番が決まりますが，あまり神経質になる必要はありません。そもそも，2つ以上の形容詞を並べるのは，あまり望ましい書き方ではないのです。ただ，国を表す形容詞が入るときの語順だけはしっかりと頭に入れてください。国を表す形容詞（Japanese, American, English, British など）は必ず最後，つまり名詞の直前に置きます。「日本の幼い子どもたち」は，Japanese young children ではなく young Japanese children です。

例

となりに住むイギリス人の老夫婦は庭の手入れが大好きだ。

The old British couple living next door like gardening very much.

どうしても2つ以上の性質形容詞を並べなければならないとき，つづりの短い順に並べるとだいたい OK です。かつてセンター試験で，「白くて大きい2階建ての家」という問題が出題されたことがあり（平成6年度本試験），正解は a big, white, two-story house でした。

また，〈a +形容詞+形容詞+名詞〉と，〈a +副詞+形容詞+名詞〉を混同しないように。たとえば，「本当に豊かな生活」は a really rich life であって，a real rich life ではありません。really は副詞なので rich を修飾できますが，real だと形容詞なので life を修飾して，rich は修飾できません。

Lesson 55 修飾語［形容詞・副詞］
副詞を置く位置に注意。

　確かに副詞は置かれる位置が比較的自由な品詞ですが，それでもやはり自然な位置というものはあります。一般的に受験生は副詞を，まるでゴミをポイと捨てるかのように，文の最後に置く傾向が強いといえます。副詞の位置に関しては，次のルールにしたがってください。

① 形容詞を修飾する副詞は必ず形容詞の前に置く。

② 頻度を表す副詞（always, usually, often, sometimes など）は，be 動詞・助動詞の後（助動詞と be 動詞が並んでいるときはその間），一般動詞の前に置く。

③ ②以外の副詞が一般動詞を修飾するときは，動詞の前か後に置く。ただし，他動詞と目的語の間には入れないこと。

④ 迷ったときは，not だったらどこに入るかを考え，そこに置く（not は副詞の代表的存在なのです）。

　修飾語と被修飾語はなるべく近くに置くことが大原則！　副詞がどの動詞を修飾しているかを強く意識しましょう。日本語でも「彼女は<u>そっと</u>さし出された彼の手を握った」と「彼女はさし出された彼の手を<u>そっと</u>握った」とでは，意味が違いますよね。また，句や節の中の副詞はその句や節の動詞を修飾しますので，この点も注意を要します。たとえば，「私は冠詞の用法が<u>よく</u>わからない」は，I don't <u>well</u> understand how to use articles. となります。I don't understand how to use articles <u>well</u>. と書くと，well は how 以下の名詞句の中で働き，use を修飾して「私は冠詞のじょうずな使い方がわからない」という意味になります。

例

人生で重要なことは，すべて<u>自分１人で</u>決めなければならない。

Unit 2 減点されないための文法必須チェックポイント

○ **You should decide for yourself about everything which is important in your life.**

✕ **You should decide about everything which is important in your life for yourself.**

for yourself は decide を修飾するので，decide のすぐ後に置きます。副詞句（前置詞＋名詞）は原則として，動詞の前には置けません。

Lesson 56 修飾語［形容詞・副詞］
firstとat firstを正しく使い分ける。

　at first は「最初は〜（後で違ってくる）」という意味です。これを「はじめて〜」の意味で間違って使う受験生がかなりいます。副詞の first には①「最初に，1番目に」，②「（生まれて）はじめて＝ for the first time」，③「まず第1に＝ first of all, in the first place」の3つの意味があり，「最初は〜」の意味のときだけ，at first を使います。

例

その数学の問題は最初はやさしそうだったが，いざやり始めたら難しいとわかったので，いらいらしてきた。

The math problem seemed easy at first, but when I began to solve it, I became irritated because it turned out to be difficult.

Lesson 57 修飾語[形容詞・副詞]

onlyの位置に気をつけよう。

　副詞の位置に関しては，Lesson 55 で取り上げましたが，副詞の only はとくに位置に気をつけたい言葉です（形容詞のときは必ず名詞の前です）。基本は動詞の直前に置き，副詞句や副詞節を修飾するときは前置詞や接続詞の直前にも置けます。このとき，名詞の前に置かないようにしましょう。

例

近ごろは，めったに虹を見ません。考えると不安になります。幼い子どもたちは，そのうちに，絵本の中でしか虹を見ることができなくなってしまうのでしょうか。

I seldom see rainbows nowadays. I feel uneasy when I wonder why. Will young children someday be able to find rainbows only in picture books ?

in only picture books としてはいけません。ただし，「わずか10年間」のように，数字を限定するときは数字の前で，for only ten years のほうがふつうです。

Lesson 58 修飾語[形容詞・副詞]

yetとstillの使い分けに注意！

　yet と still の使い分けに注意してください。not ～ yet はまだある動作が行われていないことを表し，still はある状態がまだ続いていることを表します。
　ただし，still は「まだ～していない状態が続いている」の意味で，否定の状

態の継続を表すことがあり，その場合は still not の語順になる点が重要です。still not 〜のほうが not 〜 yet よりも「もうしていてもいいのに，まだしていない」という，いらだちを強く表します。My daughter <u>hasn't</u> come home <u>yet</u>. よりも，My daughter <u>still hasn't</u> come home. のほうが，帰宅の遅い娘に対する親のいらだちが強いのです。

> **例**
>
> レストランを出ると雨が降っていた。今朝の天気予報ではこの一週間晴れるといっていたが，まだ人間は自然現象を完全に予知することはできないようだ。
>
> It was raining when I left the restaurant. This morning's weather forecast said it would be fine for a week. Human beings still seem unable to perfectly predict natural phenomena.

Lesson 59 修飾語［形容詞・副詞］

「反対に」はいつも on the contraryではない。

「反対に」という日本語に対して，すべて on the contrary をあてる生徒をたくさん見てきました。on the contrary は前言や前文を強く否定して，「それどころか」の意味です。ちなみに to the contrary は「それとは反対の内容で，趣旨で」，contrary to 〜 は前置詞で「〜に反して」の意味。

ところが，入試で出される文中の「反対に」はほとんどが，「一方，他方」という比較対照の意味で使われています。ですから，「反対に」という日本語が出てきたら，まず on the other hand（他方では）や，接続詞の while（一方では）を使うことを考えてください。その例として，ちょっと長いのです

が，京大の問題を引用しておきます。

「あいさつというのは，身ぶりや言葉の慣習的な交換のことであり，それによって互いの地位や親しさの度合いなどが確認される。多くの社会では，しばしば顔を合わす間柄やたんなる顔見知りの間では，そのために立ち止まってほかの活動を一時停止することはないが，反対にしばらく会わなかった知人に出会うと，その分だけあいさつに時間をかけるのが一般的である」

Lesson 60　修飾語［形容詞・副詞］
howの2つの意味を確認する。

　how に大きく2つの意味があること（①手段，方法，様態「どのように」，②程度「どれくらい」）をしっかりと認識しましょう。そして，②のとき how の後に必ず形容詞か副詞を続けてください。

　たとえば，「人々の親しさの度合い」を名詞節にするとき，「どれくらいよく知っているか」と考えるところまでは正解ですが，how familiar we are と書くべきところを how we are familiar と書くと意味が変わってしまいます。

　この語順の問題は however や no matter how にもあてはまります。また，however，あるいは no matter how の後の副詞の意味が，日本語に表れないことがありますので，注意してください。

例

どんなに文句をいっても，彼女はいつも集まりに遅刻する。

However [No matter how] bitterly [frequently, much] I complain, she is always late for our meeting.

「どんなに文句をいっても」に副詞を補うとすれば，「どんなにきつく文句をいっても」とか「どんなに頻繁に文句をいっても」になります。簡単に「どんなにたくさん文句をいっても」でも OK です。

Lesson 61 修飾語[比較]

as ～ as（possible[one can]）を正しく使おう。

　この表現では，as ～ as の～に入れるべき名詞を，形容詞の原級とばらばらにしてしまうというのが典型的な間違いです。たとえば，「好きなだけ騒ぐ」を例にとると，make as much noise as you want と書くべきところを make noise as much as you want と書いてしまうのです。

　形容詞と名詞，副詞と形容詞とのつながりを無視してしまう間違いは〈the ＋比較級, the ＋比較級〉の構文などでも頻繁に起こります。おそらく受験生は as much[many] as のように，much, many を 1 語で使おうとするからだと思われます。

例

いつ，どこで巨大地震が起きるかを正確に予知するのは不可能であっても，できる限りの備えをしておくことは必要である。

It may be impossible to accurately predict when and where severe earthquakes will occur, but we should be as well-prepared for them as possible.

should 以下は make preparations for them as much as possible と書いてしまう可能性がありますが，正しくは make as many preparations for them as possible です。もっとも，形容詞の well-prepared（よく準備してある）を使うほうが簡単です。

Lesson 62 修飾語[比較]

比較の基本的なミスを避ける。

　比較級がないのに than があったり，more better のように better や er 型の比較級の前に more を置く間違いも少なくありません。
　「AはBほど〜ない」を〈A be not ＋比較級＋ than B.〉と書く生徒も星の数ほどいます。正しくは，〈A be not so[as] ＋原級＋ as B.〉，もしくは〈A be less ＋原級＋ than B.〉です。no[not] more than や no[not] less than といったイディオムをのぞいて，比較級を否定文で使わないように。さらに，最上級の「〜のなかで」が of か in かにも気を配りましょう。

例

人間の感情のなかで，一番解明しにくいのは「笑い」である。

Of all the human feelings, laughter is the most difficult to analyze.

「〜のなかで」というとき，in は class, family, school, country, Japan, the world といった1つの枠組みをもった単数名詞に，of は all the boys, the three girls といった〈数量を表す形容詞＋複数名詞〉につけます。この of はよく文頭に出されます。
また，all over the world を最上級とともに使わないでください。これは「世界中のあらゆる場所で」の意味です。最上級の文の「世界中で」には必ず in the world を使うようにしましょう。

Lesson 63 修飾語[比較]

日本語にはっきりと表れない比較級を見抜く。

　日本語は比較をはっきりと表現しないことが多いので，日本語に表れない比較にはいつも注意を要します。同一人物や，同一の物の過去と現在や，現実と理想との対比は，基本的にすべて比較級を使ってください。

例

科学技術の進歩によって，他人との交流が便利になり，快適な生活もできるようになった。

Thanks to advances in technology, we can now communicate with others more easily and enjoy a more comfortable life.

昔に比べて，「より簡単に」「より快適な」と考えます。

Lesson 64 修飾語[比較]

〈the＋比較級, the＋比較級〉はtheに続ける語句に注意！

　〈the＋比較級, the＋比較級〉はほとんどの受験生がその意味を知っているのに，ほとんどの受験生が正しく書けない構文です。theの後に続ける語句を間違えてしまうのです。

　比較級というとmoreというイメージがあまりにも強く，すべてを〈The more S V, the more S′ V′.〉で書いてしまう受験生が多いのです。その結果，theに続けるべき語句，とくに名詞をmoreの直後に置かず，後ろに置き去り

にするというミスを犯すのです。

たとえば,「多くの学科を勉強すればするほど,私はかしこくなった」を英訳しましょう。前半は I learned many subjects. の many が the more になって前に出されるわけですが,many subjects でひとかたまりの目的語ですから,subjects もいっしょに前に出し,全体で The <u>more subjects</u> I learned, the wiser I became. となります。ところが,受験生の多くが The <u>more</u> I learned <u>subjects</u>, 〜と間違ってしまうのです。まず,もとの文をよく見て,どこを比較級にして前に出すべきかを考えましょう。

例1

一般的にいって,年をとればとるほど,夜よく眠れなくなります。

Generally speaking, the older you grow, the less soundly you sleep at night.

「年をとる」の「とる」は grow, become, get のどれでも OK。「よく眠る」は sleep soundly。これを less を使った比較級にします。

例2

老人になって長生きすればするほど,自分の判断でものをいう。

The longer people live, the more often they speak based on their own judgment.

長生きすれば当然老人になっているので,「老人になって」は訳しません。問題は後半です。程度を表す how, however と同様に,この構文も比較級にすべき形容詞や副詞が日本語にはっきり表れていないことがあります。「それだけ頻繁に自分の判断でものをいう」と考え,often を補います。日本語に表れていない副詞を考えるとき,まず often と frequently を思い浮かべてください。

Unit2 減点されないための文法必須チェックポイント

例3

一晩ぐっすり眠ったので，気分が一新した。

○ **I felt all the more refreshed** because of a good night's sleep.

× **I felt refreshed all the more** for a good night's sleep.

〈all the ＋ 比較級〉も，なにも考えず all the more と書いてしまうことが多いので注意しましょう。「気分が一新した」は「気分がいっそうさわやかになった」と考えます。feel refreshed を比較級にすると，feel more refreshed ですから，felt all the more refreshed が正しいのです。

Lesson 65 態
受動態は能動態から考える。

　日本語には「れる」「られる」という受け身の表現がよく見られますが，英訳するときには，なるべく能動態を使いましょう。

　英語の受動態の考え方は，他動詞や群動詞の目的語を主語にするというものです。ところが，日本語にあわせて受動態の英語を書くと，本来主語にできないものを主語にした受動態ができあがる危険性が非常に高いのです。

　これは「～に書かれている」「～に印刷されている」という表現を英訳するときに，とくに起こりがちです。ですから，受動態を使う場合には，まず頭の中で能動態の文を作ってみて，どういう受動態が可能かを必ずチェックするようにしてください。

例1

「少年老い易く学成りがたし」という忠告を私たちはくり返し聞かされてきた。

We have repeatedly been advised to follow the proverb：Art is long, life is short.

「聞かされてきた」を We have been heard と受動態で書く人が多いと思われます。しかし，we are heard という受動態が成り立つためには，〈A hear us〉という能動態が前提となります。ところが，この例では「A が私たちを聞いてきた」のではなく「私たちが忠告を聞いてきた」わけですから，we を主語にした受動態の文は作れないのです。一方，「忠告」を動詞に変え，「私たちは忠告されてきた」とすれば，we have been advised to V 〜 と書くことができます。〈A advise us to V〉という能動態が成り立つからです。第4文型の動詞をのぞいて，受動態の主語は動作を直接受けているものでなければなりません。

例2

多くの日本製品には，輸出の目的で作られた品物でもないのに，外国語の言葉が書いてある。

Foreign words are written on many Japanese products even if they are not made for export.

Many Japanese products are written foreign words on them. と書く受験生がかなりいます。これが成立するためには，write <u>many Japanese products foreign words</u> という，write が目的語を2つとる能動態が前提となりますが，「人に手紙などを書き送る」以外の意味で，write が第4文型で使われることはなく，まず受動態にすることもありません。もとになっている能動態は，write foreign words on many Japanese products ですから，正しい受動態は Foreign words are written on many Japanese products. なのです。

Lesson 66 態
「〜れる」という日本語に注意。

「〜だと思われる」という日本語から，seem を受動態で使う間違いを驚くほど多く見かけます。

例1

彼は私に怒っているように思われた。

○ He seemed to be angry with me.
× He was seemed to be angry with me.

seem には自動詞の使い方しかなく，受動態にはなりません。「〜らしい」と訳せば，受動態でないことがわかると思います。take place も目的語をとれませんが，「起こる」以外に「催される，行われる」という意味がありますので，受動態にするミスを犯しがちです。正しくは次のように，他動詞 hold（〜を催す）を受動態にします。

例2

その展示会は駅前のホテルで催された。

○ The exhibition was held at the hotel in front of the station.
× The exhibition was taken place at the hotel in front of the station.

take place と似た意味を表す happen（起こる）や break out（急に起こる）も，take place と同様に受動態にできませんから，要注意です。

Lesson 67 動詞・助動詞・準動詞
なるべく一般的な動詞を使うこと。

　多義語は確かに英語の特徴ですが，英単語は1語1語の意味が限定され，使える範囲がとてもせまく，とくに動詞はその傾向が強いといえます。抽象性の強い日本語とは対照的です。

　たとえば，日本語の「動かす」という動詞は「いすを動かす」「車を動かす」「機械を動かす」「人を動かす」「社会を動かす」などいろいろな使い方ができますが，英語の move は目的語が実際にその場所を変える場合に使うので，上記の日本語で move が使えるのは「いすを動かす」（move a[the] chair）だけです。

　また日本語では，「数学」も「道」も「教える」ですが，teach mathematics とはいえても，teach the way とはいえません。teach は「体系的な知識を時間をかけて教える」という意味だからです。「道（行き方）を教える」は正しくは，次のように tell ～ the way か show ～ the way です。

例1

美術館への行き方を教えてください。

○ Could you tell me the way to the museum?
× Could you teach me the way to the museum?

例2

私は日本や日本人に対する一切の批判が許せない。

I cannot stand any criticism of Japan and Japanese people.

この「許せない」は forgive でしょうか？　forgive は「人や神が人の罪を許す」の意味です。ところが，日本や日本人を批判することは罪ではありませ

ん。同様な理由で,「過失や無礼を許す」という意味をもつ pardon や excuse も使えません。allow や permit はどうでしょうか？ もちろんダメです。これらの動詞は「ある動作をする許可を与える」の意味だからです。この文脈での「許せない」は「がまんできない」という意味で使われていますので, stand が正解です。「がまんする」にあたる語は, bear/endure/tolerate/put up with などいろいろありますが, stand が最も口語的で無難といえます。

例3

私はよく,くわえタバコで道を歩いている人を見かける。この人たちはいかにほかの人が迷惑を被っているか考えたことがあるのだろうか。

I often see people walking along[on] the street with a cigarette in (the corner of) their mouths. I wonder whether they ever think of how much they annoy others.

「迷惑（をかける）」というと,すべて trouble で書く生徒が大半ですが, trouble の迷惑は基本的には「他人に面倒や手間をかける」という意味での「迷惑」です。歩行喫煙や公共交通機関での携帯電話の使用は,「他人に不快な思いをさせる」という意味での「迷惑」なので, annoy（～を不愉快にさせる）, annoyance（迷惑）, nuisance（迷惑）を使ってください。

このように,日本語と英語とのズレが英作文の最大の難関といえます。単語は,1語でも多く,正確に覚えることが語学への正しい取り組み方です。しかし,それには限界があります。とくに,時間に制約のある受験勉強においては。

そこで,大学入試の英作文によく出てくる動詞で,迷う可能性があるものは,これで書くと決めておきましょう！

> 例4

① **主張する** **argue**

過去の出題を見ると,「理論や学説を主張する」の意味で使われていることが多いので, insist, claim, assert, maintain ではなく argue で書いてください。名詞の argument はつづりに注意（u の後に e がありません）。

② **（問題を）調査する, 研究する, 探求する** **study**

study が最も当たりはずれがありません。research は使えますが, investigate は「事件を調査する」の意味ですから要注意。

③ **パソコンを扱う [取り扱う], インターネットで検索する**
use a personal computer / use the Internet

同じ「扱う」でも,「人を扱う」「問題を扱う」「機械を扱う」では英語の動詞は異なります。「機械を扱う」はすべて use で OK です。deal with や handle を使わないように。なお,「インターネット」は必ず the をつけて, 頭文字を大文字にします。

④ **努力する, がんばる, 懸命にやる** **try hard to V 〜**

もちろん, make effort(s) でもかまいませんが, 文脈によっては少しオーバーなことがあります（endeavor は「長期間にわたる懸命の努力」を表し, 意味が強すぎるので使わないほうが無難です）。try hard to V が口語的で安全ないい回しです。

Lesson 68 　動詞・助動詞・準動詞

seem[be said/be believed/ be thought] は主語に注目。

　これは, 英作文を書きなれていない受験生が最もよく間違ういい回しの一つです。

　〈具体的な主語 + seem[be said/be believed/be thought] that S V 〜〉という英語を絶対に書いてはなりません。that が続くのは, 主語が It のときだ

けです。私の経験上,〈具体的な主語＋ be thought that Ｓ Ｖ 〜〉のミスがとくに目立ちます。主語の It は be said[be believed/be thought] のときは形式主語, seem のときは慣用的なものです。〈具体的な主語＋ seem[be said/be believed/be thought] to V〉の形を確認しておきましょう。時制にずれがあるときは, to 以下は to have ＋過去分詞とします。

> **例**
>
> 彼は億万長者らしい。
>
> ○ **It seems that** he is a millionaire.
> ✕ **He seems that** he is a millionaire.
> ○ **He seems to** be a millionaire.
>
> 彼女は若いころ女優だったといううわさだ。
>
> ○ **It is said that** she was an actress when she was young.
> ✕ **She is said that** she was an actress when she was young.
> ○ **She is said to have been** an actress when she was young.

「〜と思われている」という意味の be believed, be thought も全く同じように扱います。

Lesson 69 　動詞・助動詞・準動詞

say, tell, speak, talkを使い分けよう。

say と tell はなにをいうか, その発言内容に重点があるので, 後ろにいったことや内容を目的語として続けなければなりません。

一方，speak と talk は話すという行為そのものを強調します。say と tell が「〜という」であるのに対して，speak と talk は「〜について話す，おしゃべりをする」という意味です（talk のほうがくだけた言葉です）。

He said that he had really enjoyed his trip.（彼は旅行をとても楽しんだといった）と He happily talked about his trip.（彼は旅行について楽しそうに話した）の違いです。

> **例**
>
> お金に関して子どもにどういう教育をするべきか，人によって意見はさまざまだ。家の手伝いをしたらお金をあげて労働の価値を教えるという親もいれば，子どもはお金のことなど口にするべきではないと考える親もいる。
>
> **People differ in opinion as to how to teach their children about money. Some parents teach their children the value of labor by paying for the household chores they do, while others think children should not even talk about money.**
>
> お金について話すという行為自体が問題になっていますので，say や tell を使わないように。

　tell はだれにいうかが問題なので，基本的に目的語として人が必要です（say, speak, talk は人を目的語にできません）。したがって，He told that he had really enjoyed his trip. は間違いで，He told me that he had really enjoyed his trip. のように人を間接目的語にした第 4 文型にします。

　逆に，He said me that he had really enjoyed his trip. とはいえませんし，He said to me that he had really enjoyed his trip. も避けたほうがよいでしょう。さらに「人に〜するようにいう」の「いう」は命令を表し，この場合は必ず〈tell ＋人＋ to V 〜〉を使ってください。

Lesson 70 動詞・助動詞・準動詞

「〜するようになる」「〜になる」に気をつける。

　「〜するようになる」にやたらと，come to V を使わないようにしましょう。come to の後に使える動詞は，know, realize, like, understand などの状態動詞に限られます。動作動詞のときは，begin[start] to V など別の表現にします。

　たとえば「彼女は酒を飲むようになった」は She came to drink. とはいえず，She began to drink. か She got into the habit of drinking. です。

　「人が〜になる」は come to be 〜ではなく become 〜（1語）で表します。become to V 〜とは絶対に書かないでください。

　そもそも日本語には「〜になる」という表現が氾濫し過ぎています。コンビニに行けば「全部で 630 円になります」といわれ，駅のホームでは「今度の電車は6番線からの発車になります」などと耳にします。ですから「彼は教師になった」のように，人が実際になにか（たとえば，医師や教師）になった場合をのぞいて，「〜になった」は無視したほうが安全です。「〜になる」は日本語独特のいい回しで，英語に訳す必要がない場合が多いと考えてよいでしょう。

　また，「〜になる」を have been 〜で書くのは，継続の期間（for 〜, since 〜）をともなうときだけです。さらに，「今では〜できるようになった」は，〈have been able to V 〜〉ではなく，〈have become able to V 〜〉か〈(now) be able to V 〜〉で書いてください。一般動詞の現在形と異なり，be 動詞は現在形で今の状態が表せるので，わざわざ have been を使う必要がないのです。

> **例**
>
> 最近，日本人が長命なのは日本風の食事のせいであり，米と魚と野菜の日本の食事は，世界で最も健康な食事だ，といわれる

ようになった。

Now it is said that the Japanese live long thanks to Japanese cuisine, which consists mainly of rice, fish, and vegetables. **It is also said to** be the healthiest food in the world.

「いわれるようになった」は「今いわれている」と表せば十分です。「米と魚と野菜の日本の食事」は意味を考え,「米と魚と野菜で構成されている日本の食事」としましょう。肉を全く食べないわけではないので「主に米と～」と書いたほうがより論理的です。日本料理を1つのものとして考えるので,関係代名詞は非限定用法を使います。また,「魚肉」の意味での fish は必ず不可算名詞,一方,vegetables はいつでも複数形で(fruit は不可算名詞で)使います。2文目の It は Japanese cuisine を指しています。形式主語ではありません。

Lesson 71 動詞・助動詞・準動詞

「気づく,わかる,意識する」は動詞を使い分けよう。

「ある事実に気づく」に notice は使えません。notice は目や耳で気づく知覚動詞だからです。realize(実感する,よくわかる)を使ってください。

経験して「気づく」ときは find も使えるし,know も幅広く使える便利な動詞です。

例1

幸せが,満足することにあると気づいている人は少ない。

Few people realize[know] (that) happiness consists in contentment.

ほとんどの受験生が「認識する」という日本語に recognize をあてますが，「彼は教育の重要性を認識した」のように，やはり「実感する，悟る」の意味で使われる場合が多い語なので，realize で訳すことをまず考えましょう。recognize は「人［物］がだれ［なに］かわかる」という意味での認識です。

　次に，「わかる」をすべて understand で訳さないようにしましょう。understand は「内容をつかむ，理解する」の意味なので「明日雨が降るかどうかわからない」というような，ただ事実がわかるかどうかには使えないのです。こういう場合は know を使ってください。「ある事実に気づく」で述べたように，know は便利な言葉です。ただし，状態動詞ですから can（not）をつけては使えません。「事実がわからない」は don't know か cannot tell です。

例2

明日雨が降るかどうかわからない。

○ I **don't know** whether it will rain tomorrow.
× I **don't understand** whether it will rain tomorrow.

　最後に，「〜を意識している，気づいている」という状態は，原則として外面的な意識には be aware of 〜，内面的な意識には be conscious of 〜をあてます。I was aware of the danger.（私は危険に気づいていた），I am conscious of my faults.（私は自分の欠点に気づいている）のように表します。入試の英作文では be conscious of 〜を使うほうが安全だといえます。

Lesson 72 動詞・助動詞・準動詞
「〜すること」は不定詞か動名詞で表す。

「〜すること」を英訳するときは to 不定詞か動名詞を用います。「これから行われる（まだ行われていない）動作」には to 不定詞，「すでに習慣的・一般的に行われている動作」には動名詞を用いるのが基本です。

なかにはどちらとも判断できるケースもありますが，その動作が行われていなければ to 不定詞，一般に行われていれば動名詞と考えます。はっきりとした例を1つあげると，「私の夢はアメリカに留学することだ」は，My dream is to go to America for study. と，to 不定詞を使います。まだ留学していないからです。

一方，「私の趣味は古銭を集めることだ」は，My hobby is collecting old coins. と動名詞を使います。すでに集めているからです。

また，条件の意味（〜すれば）が含まれているときは，to 不定詞を使います。さらに，形式主語 It is の後に「必要」を表す形容詞（necessary, important, essential）や desirable（望ましい），advisable（賢明な）といった形容詞が続くとき，真主語は必ず to 不定詞です。

例

異なる言語や文化を知ることは，世界を見る新たな視点を提供してくれる。

To know another language and culture provides us with a new viewpoint from which we can see the world.

現実に知っているというのではなく，「もし知れば」という条件の意味なので，to 不定詞にします。すなわち，If で書き換えられるときは to 不定詞を使ってください。この文は人を主語にして，If you know another language and culture, you will get a new viewpoint 〜 と書くことができます。

Lesson 73 動詞・助動詞・準動詞

spendを正しく使おう。

　spend は受験生が使い方を間違う典型的な動詞です。「時間を〜することに使う，費やす」は，〈spend ＋時間＋ Ving〉で表しますが，〈spend ＋時間＋ on Ving〉という間違いが多く見られます。spend はお金，時間，エネルギーの使い道を名詞で表すときは，I spent all my energy on that work. のように〈spend ＋お金など＋ on ＋名詞〉になりますので，それと混同してしまうのでしょう。気をつけてください。

　なお，入試問題には「時間や努力を費やす」というものが多く出てきます。spend は time や energy を目的語にできますが，effort はできません。その場合には，動詞を別々にするか（spend time/make effort），put time and effort into 〜を使うとよいでしょう。

例

だれもが一生の少なくとも3分の1を眠って過ごします。

〇 **Everyone spends at least a third of their lives sleeping.**
✕ **Everyone spends at least a third of their lives on sleeping.**

Lesson 74 動詞・助動詞・準動詞

「〜しながら」はVingで表す。

　「〜しながら」を with Ving 〜 で書くのも受験生によく見られる間違いです。with をつけずに分詞構文（Ving 〜）にしましょう。

付帯状況の with の後には，主節の主語とは異なる名詞（代名詞）が必ず必要だということを忘れずに。たとえば，She smiled at me with her eyes shining.（彼女は目を輝かせて私にほほえんだ）のように表現します。

> **例**
>
> 弟と私は歌を歌いながら歩いた。
>
> ○ My brother and I walked along singing a song.
> × My brother and I walked along with singing a song.

Lesson 75 　動詞・助動詞・準動詞

「〜しそうだ」「〜しそうだった」は5つのパターンで訳そう。

　「〜しそうだ」「〜しそうだった」は，英訳するとき，以下のように大きく5つに分かれますので注意してください。
① 完全にはなっていないが，そうなりかかっているとき
　→ be Ving
② 〜しそうだったが，実際には〜しなかったとき
　→ nearly[almost] Ved あるいは came near（to）Ving
③ 将来的に〜しそうな可能性があるとき
　→ be likely to V
④ 〜することが予定になっていたり，近い将来〜しそうなとき
　→ be going to V
⑤ 差し迫った未来（今にも，まさに〜しようとしている）
　→ be about to V あるいは be on the point of Ving
　①で書くべきところを③で書くミスをよく目にします。

> **例**
>
> インターネットによって，世界中の人々を隔てていた壁が取り払われそうになっている。
>
> **Thanks to the Internet, barriers that have separated people in the world are being removed.**
>
> be likely to V ではなく，現在進行形を使います。これから取り払われるのでなく，今取り払われつつあるからです。完全に取り払われたら，現在完了形で表します。現在進行形の受動態〈be 動詞 + being + 過去分詞形〉にも注目。

Lesson 76 動詞・助動詞・準動詞

「〜が生まれる」はいつでもbe bornとは限らない。

「〜が生まれる」に be born が使えるのは，基本的には「親から生まれる」場合だけです。「制度，言葉，習慣などが生まれる」ときは，come into being や come into existence，あるいは「人々は〜を使い始めた」と意訳して people began to use 〜などを使います。「疑問や問題が生まれる」は「生じる，引き起こされる」と考えて，arise や be caused を使います。このように「〜が生まれる」は，主語による動詞の使い分けが必要です。

> **例**
>
> ことわざはどのように生まれるのだろうか。
>
> **How do proverbs come into being?**

Lesson 77 動詞・助動詞・準動詞

helpは人を目的語にする。

　help は「人を手助けする」という意味なので，必ず人を目的語にして，〈help ＋人＋ (to) V〉か〈help ＋人＋ with ＋名詞〉の形で用います。〈help ＋物事〉の形では使わないようにしましょう。正しくは，〈help ＋ with ＋物事〉です。

> **例**
>
> 私は昨夜，家事を手伝った。
>
> ○ I helped my mother (to) do the household chores last night.
> ○ I helped my mother with the household chores last night.
> ○ I helped with the household chores last night.
> × I helped the household chores last night.

Lesson 78 動詞・助動詞・準動詞

feelはキケンな動詞。

　feel はなかなかやっかいな動詞です。I feel tired. と I am tired. でわかるように，〈S ＋ feel ＋形容詞（分詞）〉は〈S ＋ be 動詞＋形容詞（分詞）〉と基本的に同じ意味を表します。ところが，多くの受験生が「Sがなにかを〜に感じる」も〈S ＋ feel ＋形容詞（分詞）〉で書いてしまうのです。

Unit 2 減点されないための文法必須チェックポイント

> **例**
>
> 私は突然，息苦しくなった。
>
> ✗ **Suddenly I felt difficult to breathe.**
> I felt difficult. だと，I was difficult. と同じで，「私は扱いにくい，気難しい人間だった」という意味になります。ここでは，息をすることが大変だと感じているのですから，第2文型ではなく，第5文型で書かなくてはなりません。
>
> ○ **Suddenly I felt it difficult to breathe.**
> feel を使うときには，いきなり補語を続けていいのか，目的語を置いてから補語を続けなければならないのかを必ず考えてください。とくに，〈S feel ＋形容詞＋ to V〉と書いたときは，feel の後に形式目的語の it が必要ではないかと疑いましょう。

Lesson 79 　動詞・助動詞・準動詞

feelの後には目的語ではなく補語を続ける。

　feel は確かに「〜を感じる」の意味で，feel fear（恐怖を感じる）のように名詞を目的語にとり第3文型としても使われますが，「人がある感情をもつ」という意味では「〜に感じる」と考え，形容詞や過去分詞の補語を続けて，第2文型で書いてください。「疲れを感じる」は feel tiredness ではなく feel tired です。名詞も補語になれるのではないかという疑問をもった人は，名詞が補語になれるのは，主語（目的語）と補語が完全にイコールの場合に限られることを思い出してください（Unit 1 の Lesson 8）。

> **例**
>
> スーザンが試験に合格したと聞いて，私はほっとした。

I felt relieved to hear that Susan had passed the examination.

「安堵感を感じた」と考えれば，felt relief という答えもありえるのでしょうが，felt relieved のほうがずっと自然な表現です。

Lesson 80 　動詞・助動詞・準動詞

知覚動詞は第5文型で書く。

　see, watch, hear, listen to, feel, notice といった知覚動詞はなるべく第5文型で使いましょう。その際，OとCの関係が能動なら，原形不定詞より現在分詞が自然です（受動の関係なら，もちろん過去分詞）。原形不定詞を使うと，意識的に動作の始めから終わりまで見る（聞く）という意味を表すからです。

例

くわえタバコで道を歩いている人をよく見かける。

① ○ I often **see people walking** with a cigarette in their mouths.
② △ I often **see people who are walking** with a cigarette in their mouths.

よく見かけるのは，「くわえタバコで道を歩いている人」というより，「人がくわえタバコで歩いている場面」ですから，②のように関係代名詞を使った名詞修飾よりも（②は第3文型），①のように第5文型で書くほうが自然なのです。

Unit 2 減点されないための文法必須チェックポイント

Lesson 81 　動詞・助動詞・準動詞

「〜できた」は could V ではなく，ただの過去形が自然。

　過去に習慣的にできた行為や，具体的な時間をともなう場合は別ですが，過去において実際に1度できたことに could を使わないでください。could は仮定法や，過去における漠然とした可能性を表し，ある動作が実際に行われたかどうかはっきりしないからです。〈was[were] able to V〉や〈managed to V〉,〈succeeded in Ving〉を使うこともありますが，ただの過去形が最も自然です。

例

私は10分で空港に着くことができた。

○ I **reached** the airport in ten minutes.
✕ I **could reach** the airport in ten minutes.

Lesson 82 　動詞・助動詞・準動詞

「〜したほうがよい」は should を使う。

　受験生は「〜したほうがよい」をすべて had better で訳す傾向があります。ところが，had better は実際には目上の人からの命令などを表す，とても強制力の強い表現です。
　単なるアドバイス（入試で出される「〜したほうがよい」はほとんどこれ）

のときには使わないように。「〜したほうがよい」は should が無難です。

> **例**
>
> 泳ぎは得意なので，たとえ海に投げ出されても決しておぼれることはないと自慢する人たちがいる。しかし，そういう人たちは，プールで泳ぐのと衣服をつけたままで海で泳ぐのとは違うということを知ったほうがよい。
>
> Some people think themselves such good swimmers that they boast they will never drown even if they are thrown out into the sea. But they should know it is one thing to swim in a swimming pool and quite another to swim in the sea with their clothes on.

Lesson 83 動詞・助動詞・準動詞
used to V を乱発しない。

「〜したものだった」に used to V を乱発しないようにしましょう。used to は現在と過去を対比し，「今はそうではない」ことを強調するときに使います。それ以外の場合は，ただ過去形を使うほうが安全です。

また，would（often）は過去を懐かしく思うときに用います。I would often go fishing in the river when I was a child.（私は子どものころ，川でよくつりをしたものだ）のように使います。

> **例**
>
> 昔は，録音された自分の声をはじめて聞いた人は必ずといってよいほど，声を立てて笑ったものである。

Unit 2 減点されないための文法必須チェックポイント

Formerly, people almost always burst into laughter the first time they heard their recorded voice.

used to V は定期的に行われた動作や状態を表します。定期的に笑ったわけではないので、ただの過去形で表現します。「昔は」にはいろいろないい方がありますが、formerly が1語で表現でき、シンプルです。the first time S V 〜（はじめて〜するときに）に前置詞はいりません。全体で副詞の働きをします。

Lesson 84 動詞・助動詞・準動詞
「〜しがちだ」はtend to Vを使う。

be liable［apt／prone］to V は，原則として，生まれつきのよくない性質を表します。ですから，「〜しがちだ」には tend to V を使うほうが安全です。「〜しがちだ」といえば，基本的に悪い意味ですが，tend to V は悪い意味にもそれほど悪くない意味にも使えるからです。ただし，動作動詞の現在形は習慣，性質を表しますので，とくに tend to を使わなくてもいい場合が多いです。

例

人は外見だけで他人を判断しがちだ。

People tend to judge others only by their appearances.

この tend to は省略してもかまいません。only の位置にも注目してください。

Lesson 85 動詞・助動詞・準動詞
むやみに分詞構文を使わない。

　分詞構文が大好きな受験生がいます。確かに分詞構文はいろいろな意味（時，理由，付帯状況，条件，譲歩）に使えて便利な表現ですが，それゆえにあいまいさがあることは否定できません。

　分詞構文は付帯状況（～しながら）の意味にだけ用い，それ以外の場合は接続詞を使って書いてください（同様の理由で，接続詞の as を使うときには注意が必要です。「～のように」という様態以外の意味には，because, since, when など別の接続詞を使うことをおすすめします）。

　とくに，意味上の主語が必要な分詞構文（独立分詞構文）や，否定で，しかも完了形の分詞構文などは避けたほうが無難です。採点者がひと目見て，意味がわかる英文を書くようにしましょう。

　また，「～して」が付帯状況ではなく，手段（～することによって）を意味することがあります。そのときは by Ving を使ってください。

Lesson 86 文型
第4文型の目的語に注意！

　第4文型に関して，最もよくある間違いは直接目的語に代名詞を置くものです。間接目的語には代名詞も使えますが，直接目的語は必ず名詞にしてください。どうしても代名詞を使うときは，第3文型で表現します。

例
父は私の誕生日のプレゼントに時計を買ってくれた。

○ My father bought me a watch as my birthday present.
× My father bought me it as my birthday present.
○ My father bought it for me as my birthday present.

Lesson 87 前置詞・接続詞・その他
接続詞と前置詞と副詞の使い方の違いを押さえよう。

◎ 等位接続詞（and, but, or, for, so など）

① S V ～（, ）and S V ...
② S V ～．But S V ...

　等位接続詞は上の2つの使い方ができます。②のとき，But, とか And, のように後ろにコンマを打たないようにしてください。日本語の「しかし，」のイメージからか，私は毎年，授業中に100回近く But, のコンマを消す作業に追われます。

◎ 従位接続詞（as, because, since, when, while, before, after, if, unless, though など多数）

① As S′ V′ ～, S V ...
② S V ... (,) because S′ V′ ～.

　従位接続詞は上の2つの使い方ができます。等位接続詞は①の使い方ができない点が重要です。

例1

雨になりそうだ。というのも，気圧計が下がっているからだ。

○ It will rain, for the barometer is falling.
× For the barometer is falling, it will rain.

　前置詞（句）の後には，名詞，代名詞，動名詞，名詞句，名詞節を続けます。副詞はいつでも単独で用い（コンマで切り離せる），語や句や文をつなぐことはいっさいできません。

　however, therefore, on the other hand, nonetheless, nevertheless といった副詞を使って文と文を結ぶ間違いをすることがよくあるので，注意してください。

例2

日曜日だったので，劇場はとても込んでいた。

○ It was Sunday, so the theater was very crowded.
○ It was Sunday, and therefore the theater was very crowded.
× It was Sunday, therefore the theater was very crowded.

Lesson 88　前置詞・接続詞・その他

前置詞の後が複雑な形になるなら，接続詞を使う。

　句も節も基本的に同じ意味ですから，前置詞を使うのも接続詞を使うのも自由ですが，前置詞の後に意味上の主語や否定語がついた受動形や完了形の動名詞を続けるぐらいなら，〈接続詞 + SV〉で書いてください。そのほうが読みやすく，ミスをする可能性も低いのです。

Unit 2 減点されないための文法必須チェックポイント

> **例**
>
> 彼は息子が1度も学校を休んだことがないのが自慢だ。
>
> △ He is proud of his son never having[having never] been absent from school.
> ○ He is proud that his son has never been absent from school.

Lesson 89 前置詞・接続詞・その他

「〜という…」に同格のthatを多用しない。

「〜という…」も日本語でやたら目にする表現です。受験生に共通の間違いは、同格を表す接続詞 that を使いすぎることです。

じつは同格の that で説明できる名詞、つまり that の前に置くことができる名詞は限られていて、使えないことが圧倒的に多いのです。2つ以上ある名詞を区別するための関係詞と、ある名詞の内容を説明する同格表現をはっきりと区別しましょう。一般的に受験生は正体不明の that を使う傾向があります。

同格の処理のしかたをまとめてみましょう。

① 同格の that を続けられる名詞で、入試で出されるものを覚える。

同格の that の前に置ける名詞は、事実、思考、判断、感覚を表すものです。ただし、どうしても同格の that を使わざるをえない名詞は、impression, news, rumor, fact ぐらいで、それ以外は動詞や形容詞を使って表現すればすみます。たとえば「彼は人間はみな平等であるべきだという信念をもっている」は、He has the conviction that everybody should be equal. ではなく、He is convinced that 〜と書けばよいのです。

> **例1**
>
> 勉強は苦しいものだとか，社会では役に立たないものだ<u>という印象</u>をもっている人が多い。
>
> **Many people have the impression that study is painful and useless after they graduate from school.**

②「～という経験」に同格の that を使わない。

受験生が間違って同格の that を使ってしまう代表例が experience です。the experience that と絶対書かないようにしましょう。experience は，内容の説明を続けることがあまりない名詞です。現在完了で経験を表すなど，全く別の表現をするか，同格表現を使うとすれば，the experience of Ving になります。また，experience を動詞として使い，S experience that ～と書くと，「～を経験によって知る」になり，意味が変わってしまいます。

> **例2**
>
> だれでも自分のいいたいことを伝えるのに適切な言葉が見つからない<u>という経験</u>をしている。
>
> **Everybody has had the experience of not being able to find the right words to get across what they mean.**

③ of や to 不定詞を使う。

of には同格の働きがあり，「～するという…」は〈the +名詞+ of Ving ～〉で表せることが多く，that より間違う可能性が低い表現です（②の例を参照）。また，「～する能力」は〈ability to V ～〉，「～する権利」は〈right to V ～〉，「～する機会」は〈opportunity [chance] to V ～〉のように to 不定詞で内容を説明する名詞も覚えておくと便利です。ただし，opportunity [chance] は of Ving も続けられます。

④ 2文に分けたり，コロンを使ったりする。

受験生にとっては，2文に分けて書くのが一番安全でしょう。コロン（：）は，前にある名詞を具体的に説明する記号で，間違う危険性の低い表現形式です。セミコロン（；）はコロンとは全く別の記号で，使い方が難しいので英作文では使わないでください。

⑤ 冠詞を忘れない。

同格の that, of, to 不定詞で説明される名詞にはもちろん a[an] がつくこともありますが，基本的には the をつけてください。

Lesson 90　前置詞・接続詞・その他
あやふやなthatは避ける。

受験生は文と文を結ぶとき，なんとなく that を使うようです。まるで魔法の接着剤だと思っているかのように，とにかく that を置かないと不安なようです。

例

母はぼくがテレビゲームばかりやっていると文句をいう。

○ My mother complains that I am always playing video games.

× My mother complains of that I am always playing video games.

前置詞の後に名詞節が続くことはもちろんありますが，complain of that は絶対にダメです。…complains of[about] my always playing 〜 ということはできます。〈complain that S V 〜〉と 〈complain of[about] S's Ving

> 〜〉は同じ意味を表します。2つを一緒に使うことはありません。that が接続詞（that S V 〜が節）で of[about] が前置詞（of S's Ving 〜が句）。節と句の違い，すなわち，接続詞と前置詞の区別が苦手な生徒はかなり多いようです。

　that を使うときは，関係代名詞なのか接続詞なのかを意識して，that に続く文構造に留意しましょう。

　that は関係副詞の when や where や why の代用ができますが，なるべく使わないようにしてください。意味がいろいろと解釈できる表現は避け，一読して意味が明確な英文を書くことが，入試英作文で高得点をとるコツです。

Lesson 91　前置詞・接続詞・その他
間接疑問文はSVの語順を確認する。

　入試英作文では間接疑問文を使って処理できる問題が多いので，その語順に注意してむだな減点を避けましょう。疑問詞の後がＳＶの語順になっているか，必ず確認しましょう。

　受験生の中には，疑問詞の前に that を置く人もいますが，that は平叙文を名詞節に変える接続詞であり，疑問文を名詞節に変える間接疑問文に使ってはいけません。そもそも，that と疑問詞が並ぶことは絶対にありません。be 動詞や助動詞で始まる疑問文を間接疑問文に変える接続詞は，whether か if（〜かどうか）です。また，同格関係を除き，名詞と名詞節は間に前置詞がないとつながらないことにも注意しましょう。たとえば，「〜かどうかに関する違い」を〈(a) difference whether S V 〜〉とはいえません。正しくは，〈(a) difference as to[about] whether S V 〜〉です。

> **例**
>
> ここから駅までの距離がわかりますか。
>
> ○ Do you know how far it is from here to the station?
> × Do you know how far is it from here to the station?
> × Do you know that how far it is from here to the station?

Lesson 92 （前置詞・接続詞・その他）
理由を表す接続詞を使い分けよう。

　理由を表す接続詞は，for, so（等位接続詞）や as, because, since（従位接続詞）などがありますが，やはり because を使うのが最も安全です。受験生は as を使いたがりますが，as は多義語なので，一見して意味がわかるという点では，because のほうが無難です（as は様態「～のように」を表すときだけ使いましょう）。ただし，because は従位接続詞なので，〈S V ～ . Because S′ V′ ....〉という使い方はしないでください。2 文に分けるときは，〈S V ～ . This[It] is because S′ V′ ....〉にします。

　また，次の場合は because しか使えません。
① be 動詞の後。
　「これは～だからだ」は This is because［× as, × since］～と表します。
② only, just, simply, merely などをつけるとき。
　「ただ貧しいからといって，彼を軽蔑してはいけない」は You shouldn't despise him simply because［× as, × since］he is poor. と表します。
③ 強調構文で強調するとき。
　「彼女が部屋を出て行ったのは，腹を立てたからだった」は It was because［× as, × since］she was angry that she got out of the room. と表します。
　①と関連してもう 1 つ注意したいのは，This is because ～と This is why ～

（こういうわけで～だ）の違いです。why はその後に続く結果の理由をたずねる語で，why の後に理由をつないではいけません。

> **例**
>
> 私は教師になった。子どもが好きだからだ。
>
> **I've become a teacher. This is because I like children.**
>
> 私は子どもが好きだ。だから，教師になった。
>
> **I like children. This is why I've become a teacher.**
>
> 下線部が I've become a teacher の理由です。This[That] is why ～ の This[That] は前文を指し，それが why 以下の結果の理由を表します。

Lesson 93 前置詞・接続詞・その他
時間を表す前置詞の使い方を押さえよう。

　前置詞は冠詞と並んで，日本人の英語学習者にとって最もやっかいなものです。とくに受験生は時間を表す前置詞が苦手なようです。まず，by と until [till] の使い分けを確認しましょう。by は「～までに動作が完了する」の意味で，finish, come back, return, hand in などの動詞とともに用います。また until[till] は「～までずっと動作が継続する」の意味で，wait, stay など一定期間継続する動詞とともに用います。

> **例1**
>
> 「彼らがその仕事を終えるのにどれくらい時間がかかると思いますか」「明日までには終わるでしょう」

Unit 2 減点されないための文法必須チェックポイント

"How long do you think it will take them to finish the work?"

"They will have finished it by tomorrow."

明日までに仕事が完了するわけですから，by を使います。〈疑問詞＋do you think ～?〉の語順にも注意。

in と for を勘違いしている受験生も目立ちます。for は「継続の期間」を表し，in は「なにかをするのに必要な期間」を表します。

例2

1カ月で北海道を自転車で1周できるだろう。

You would be able to travel around Hokkaido by bicycle in a month [✕ for a month].

1カ月間ずっと北海道を旅行するのではなく，1カ月かければ北海道を1周できるという意味ですから，in を使います。
「私は1カ月間北海道を自転車で旅行しています」なら，I have been traveling around Hokkaido by bicycle for a month. です。

また，「今から～後に，～すると」には after を使わずに，必ず in を使うようにしてください。

例3

1時間したら，もどります。

I will be back in an hour [✕ after an hour, ✕ for an hour, ✕ an hour later].

そのほかに間違いが目立つのは次のような場合です。

① 「夏休み［冬休み］に」

多くの生徒が「に」を in と書きます。正しくは for（summer[winter] vacation）か during（summer[winter] vacation）です。この for は「継続の期間」ではなく「目的（休みを過ごすために，休みを利用して）」です。

② on 〜 day と in 〜 day(s)。

day は「日」のときは on，days（日々）だと in，「時代」のときは in をつけます。すべて in にする生徒が多いようです。

③ 〈this, next, every, one ＋時間を表す名詞〉は副詞の働き。

this morning, next week, every day, one evening は副詞の働きをしますので，前置詞をつけてはいけません（next には，過去のあるときから見た場合は the がつきます）。なお，every day は副詞のときは2語で，形容詞のときは，everyday life（日常生活）のように1語で使います。

④ 時間を表す前置詞に限らず，前置詞はなるべく名詞とセットで覚えるのが効果的です。

「〜の違い」difference in［× of］〜とか，「〜の増加［減少］」increase [decrease] in［× of］〜は，日本語につられて間違いやすいので要注意。「〜のときに」on 〜 occasion もセットで覚えておきたい頻出表現です。

Lesson 94 前置詞・接続詞・その他
「…後に」「…前に」の表し方に注意。

after や before が難しいのは，品詞が3つ（前置詞，接続詞，副詞）あるからだと思われます。とくに受験生が書けないのは，「〜してから…後に」「〜する…前に」です。

この場合，after と before を接続詞か前置詞で使い，時を表す語をその前に置きます。そうすることで全体が副詞の働きをします。たとえば「それから3日後に」は three days after that，「その2日前に」は two days before that です。

また、later は過去（未来）のあるときから「～後に」の意味です。「今から～後に」には必ず in を使います。

> **例**
>
> ライト兄弟の最初の飛行が成功したのは、空気より重い物体が飛ぶはずがないという「科学的証明」がなされてから、わずか数年後であった。
>
> It was **only a few years after** "science proved" nothing heavier than air could fly that the Wright brothers succeeded in their first flight.
>
> この after は接続詞です。強調構文を使って書きました。

Lesson 95　前置詞・接続詞・その他

「AのB」はなるべく of を使わないように。

「A の B」を正しく書くことは、英作文の永遠のテーマといっても過言ではありません。ポイントはなるべく of を使わないようにすることです。

「A の B」の書き方のルールを整理してみましょう。

① A が代名詞のときは、〈A の所有格 + B〉。〈B of + A の目的格〉という形はとれません。たとえば、「彼の車」は his car が正しく the car of him は間違いです。

② A が人や生物を表す名詞のときは、〈A's B〉とする。

③ A が無生物のときは、〈the B of A〉。A が生物でも使えますが、A が生物のときはなるべく〈A's B〉を使ってください。たとえば、the costs of public projects（公共事業の費用）、girl's dream（少女の夢）など。また、無生物でも、時間（today's newspaper）、国や場所（Japan's climate）、人

間の集団（the government's policy）などの場合は，〈A's B〉が使えます。
④ Aを形容詞にして，〈Aの形容詞+B〉。たとえば，「環境の破壊」はenvironmental destruction と表現します（the destruction of the environment も OK ですが）。「自然の〜」は〜 of nature より，natural 〜を使ってください。
⑤ 名詞の A を形容詞的に使って，〈A + B〉。このとき，A は必ず単数形にします。どういう名詞が形容詞として使えるかは微妙なところですが，かなり多くの名詞が使えると思ってください。たとえば，「〜の問題」はすべて，〜problem(s) で書けます。「食料（の）問題」food problem(s)，「公害（の）問題」pollution problem(s)，「住宅（の）問題」housing problem(s) のように。

> **例**
>
> 今の日本の若い人たちの多くは，英語がよくできるようになりたいといいます。
>
> **Many young Japanese（people）today say they want to be better at English.**
>
> 色文字の部分に含まれている3つの「の」はすべて of を使わずに表せます。「日本の若い人たち」は Japanese を形容詞にして，young Japanese people（語順に注意）。「今［最近，近ごろ］の人」はすべて，〈人+ today〉で書きます。これは〈人+ of today〉の of が省略された形です。「〜の多く」の many［most］も代名詞ではなく，形容詞として使います。なお，「英語がよくできるようになる」は，現在の英語力と比べて「よりよく」ですから，比較級になります。

Unit 2 減点されないための文法必須チェックポイント

Lesson 96 前置詞・接続詞・その他
スペルミスを避ける。

　私たちが漢字を書き間違えるように，ネイティブもつづりを間違うことはよくあります。しかし，試験でのスペルミスは，文法の間違いほどではないにせよ，必ず減点の対象となりますので，できるだけ正確であることに越したことはありません。とくによく目にするスペルミスをあげておきます。

① × sen<u>c</u>e 　　○ sen<u>s</u>e
② × begi<u>n</u>er, begi<u>n</u>ing 　　○ begi<u>nn</u>er, begi<u>nn</u>ing
③ × con<u>f</u>ortable 　　○ com<u>f</u>ortable
④ × profe<u>s</u>or, pro<u>ff</u>essor 　　○ profe<u>ss</u>or
⑤ × emba<u>r</u>assment 　　○ emba<u>rr</u>assment
⑥ × disa<u>p</u>ointed, disa<u>p</u>ointment 　　○ disa<u>pp</u>ointed, disa<u>pp</u>ointment
⑦ × occu<u>r</u>ed, occu<u>r</u>ing 　　○ occu<u>rr</u>ed, occu<u>rr</u>ing
⑧ × develo<u>pp</u>ed 　　○ develo<u>p</u>ed
⑨ × gramm<u>e</u>r 　　○ gramm<u>a</u>r
⑩ × choi<u>s</u>e 　　○ choi<u>c</u>e

　受験生は②，④，⑤，⑥，⑦のような，同じ文字を重ねるつづりが苦手なようです。
　また，語尾が〈子音字＋y〉の名詞を複数形にしたり，語尾が〈子音字＋y〉の動詞に3単現のsをつけたり過去（分詞）形にしたりするとき，yをiに変えてes, ed をつけることを忘れないように（study → studies, studied）。ちなみに，語尾が〈母音字＋y〉のときはそのままs, ed をつけます（toy → toys, play → plays, played）。

Lesson 97 前置詞・接続詞・その他

「AもBも～ない」はnot A or B。

「AもBも～ない」はnot[no] A and Bではなく，not[no] A or Bを使ってください。たとえば，「ぼくはイケメンでもなければ頭もよくない」は，I am not good-looking or brilliant. であって，I am not good-looking and brilliant. ではありません。

例1

先月1週間ほど私が滞在した彼の別荘には，電話もテレビもなかった。

There was no telephone or television in his villa, where I stayed for a week last month.

テレビや電話など通信システムを指すときは，必ず，無冠詞単数です。受像機としてのテレビは，a television (set)。

「AやB」はA and Bなのか，A or Bなのか？ 判断に迷うことがよくあると思います。A or Bは，同格以外はA ≠ B。したがって，AとBが同種のものならand，AとBが異種のものならorです。

例2

外国の文化や言語を知ることは人の視野を広げる。

To know another language and culture broadens your horizons.

文化と言語は一体です。英語はlanguageを先に置きます（「動植物」も

plants and animals で日本語とは逆）。A and B は both A and B で、A or B は either A or B なので、「A も B も両方とも」なのか、「A か B かどちらか」なのかも考えます。この例文では、文化と言語のどちらか一方ではなく、両方を知る必要があるわけですから、and です。

例3

優秀な女子高校生の多くが医者や薬剤師になりたがる。

Many bright high school girls want to be doctors or pharmacists.

ふつう、医師か薬剤師のどちらかにしかなれませんので、or です。

実際にはもっと微妙なものがたくさんあるのですが、現実問題として、間違えてもそんなに減点されるわけでもありませんし、考えすぎると、夜眠れなくなります。

Lesson 98 前置詞・接続詞・その他
「〜こと」を的確に訳そう。

「〜こと」を英訳すると、① 接続詞の that、② 関係代名詞の what、③ to 不定詞、④ 動名詞、⑤ thing(s)/something の5つに大別されます。

まず、⑤ は書く必要がない場合がほとんどです。とくに「〜なこと」は形容詞だけで十分です。thing は可算名詞なので、a 〜 thing と冠詞が必要となり、語数が増えるだけでなく、冠詞でミスを犯す危険性があります（「重要なこと」を a important thing と書くミスもよく見かけます）。

③ と ④ の違いについては、Lesson 72 で説明しました。受験生が一番苦しむのは、① と ② の区別です。「〜が…する［である］ということ」の意味で、

「彼が私にうそをついたこと」といった事実を表し，後ろに完全な文が続くときは接続詞の that を使います（that he told me a lie）。

一方，「…すること」「～が…すること［もの］」の意味で，「彼がいったこと」「彼女が右手に持っているもの」のように具体的なものを指し，後ろに文の要素がなにか欠けた文が続くときは関係代名詞の what を使います（what he said, what she has in her right hand）。

例1

幸せになるには，健康であることが不可欠なことだ。

To be happy, it is essential [△ an essential thing, ✗ essential thing, ✗ a essential thing] to stay healthy.

例2

私が知りたいことは，その計画が本当に実現可能かどうかということだ。

What I want to know is whether the plan can actually be realized (or not).

「私が知りたいこと」は，つまり「私がなにを知りたいか」です。便宜的な方法ですが，このように「なに（が，を）」で置き換えられるときは what と考えてください。「～かどうかということ」は，whether を使います（動詞の目的語のときは if も使えます）。

例3

車が現代生活に欠くことのできないものであることは否定できない。

You cannot deny that cars are essential to modern life.

この例のように目的語を作る that は省略ができます。

Unit2 減点されないための文法必須チェックポイント

> **例4**
>
> 僕を怒らせたのは，彼女が電話をかけてこなかったことだ。
>
> ○ **What annoyed me was that she didn't call me.**
> × **What annoyed me was she didn't call me.**
>
> この例のように補語を作る that は省略ができません。

　最後に，形式主語が指す真主語を that にするか to 不定詞，動名詞にするかという問題があります。判断の基準は「〜すること」の意味が動作なら to 不定詞か動名詞を使い，「〜である［する］ということ」の意味なら that 節にします。確率的には to 不定詞を使う可能性のほうがはるかに高いです。その際，意味上の主語（for 〜，場合によっては of 〜）が必要かどうかの判断を忘れずに。

Lesson 99　前置詞・接続詞・その他

「〜する方法」「〜の仕方」は現実か理想像かを区別する。

　「〜する方法」「〜の仕方」は，実際に行われている方法を意味するときと，あるべき理想的な方法を意味しているときがあり，この2つをはっきり区別してください。実際に行われている方法は〈how S V〉，〈the way S V〉で表します。理想的な方法で一般論の場合（S が必要ないとき）は〈how to V〉，〈the way to V, the way of Ving〉，特定の主語を置く必要がある場合は〈how S should V〉，〈the way S should V〉で表します。

　たとえば，「英語を身につける最善の方法」は，理想的な方法を表していると考えられますから，the best way to learn English［of learning English］とするのが正しく，the best way you learn English とはいえません。

> **例1**
>
> われわれ日本人は，一般に他人とかけ離れた行動をとることを好まない。われわれがどのように行動するかは，他人からどう思われるかによって影響されることが多い。
>
> **We Japanese generally don't like to behave extremely differently from other people. How we behave is often affected by what others think of us.**
>
> これは実際の行動の仕方ですから，how[the way] S V を用います。

> **例2**
>
> 今こそ自然との共生の仕方を考えるべきときだ。
>
> **Now is the time to consider how to[how we should] coexist with nature.**
>
> これは現実の共生の仕方ではなく，共生のあるべき姿なので，how to V か how we should V を用います。

Lesson 100 前置詞・接続詞・その他

譲歩は2種類の方法を混同しないように。

　譲歩を表す方法には大きく2種類あります。「ある一定の事実があるにもかかわらず」という場合は though, although, even though, even if（if にも even if の意味がありますが，わかりやすさを考えて even if にしてください）です。「だれでも，なんでも，いつでも，どこでも」のように「例外を認めない」のが -ever, no matter ～です。この2つを混同しないで使い分けてくだ

Unit 2 減点されないための文法必須チェックポイント

さい。後者でとくに用法が問題になるのが however, no matter how です。

例

たとえどんな職業についていてもそれなりの苦労があるものだ。地位,収入,人間関係など職場環境のすべてに満足している人は,非常に少ない。

Whatever occupation you are engaged in, you will have some problems. Very few people are satisfied with everything in their jobs, such as their position, income, and relationships with their co-workers.

「たとえどんな職業についていても」は「職業に例外なく」という意味ですね。whatever は「なんでも」の意味で代名詞として使うときと,「どんな〜でも」の意味で形容詞として使うときがあります。この2つもしっかり区別してください。ここでは occupation を修飾する形容詞で使われています。私の経験上,「例外を認めない」内容を, (even) if + any で表現する生徒が多いようです(この例文だと Even if you are engaged in any occupation で,これは間違い)。また「〜など」と具体例を列挙するときは such as が便利です(文末に and so on はとくにいりません)。

Unit 3

練習問題

それではここまで説明したことをふまえて，15題の実際の入試問題にチャレンジします。何度もくり返し訳例を書き，できれば完全に覚えてしまいましょう！

問題1

外国語の文法を学ぶ最善の方法は，それが自然に身につくように，たくさんの文を読んだり聞いたりすることである。

(愛知教育大学)

ヒント

① 「外国語の文法」 ➡ ( ) grammar of ( ) foreign language は，( )内にはそれぞれどんな冠詞が入るか？
② 「〜する最善の方法」 ➡ the best way to V 〜 を用いる。
③ 「たくさんの文を〜する」は「できる限りたくさんの文を〜する」と考える。
④ 「〜することである」 ➡ この「〜すること」は不定詞か動名詞か？

訳例

The best way to learn the grammar of a foreign language is to read and hear as many sentences as possible so that you can learn it naturally[in a natural way].

解説

「外国語」はどんな外国語でもいいので，a foreign language。ところが，それぞれの外国語には文法は1つしかないので，the grammar。
「最善の方法」とは現実に行われていない可能性が高いので，「〜することである」の「すること」は不定詞で表します。
「身につくように」は不定詞でもかまいませんが，文の補語が不定詞（to read and hear）ですから，不定詞を2つ並べずに目的を表す接続詞〈so that S can[will, may] V〉を使うと，読みやすい文になります。

Unit 3 練習問題

問題2

交通渋滞がひどかったので，空港に着いたときには，飛行機はもう出てしまっていた。 (愛知大学)

ヒント

① 「交通渋滞がひどい」 ➡ The traffic was terrible，あるいは The traffic was terribly congested[jammed] と表す。空港へ行くまでの交通渋滞と考える。
② 「空港」「飛行機」につく冠詞は？
③ 「出てしまっていた」の時制は？

訳例

The traffic was terrible on the way to the airport, and when I finally arrived, the plane had already left.

解説

目的地の空港も，乗るはずだった飛行機も 1 つしかないので，the をつけます。
「空港に着いたとき」という過去の一時点が明示されていますから，「出てしまっていた」は過去完了形。

問題3

私たちの住む日本の社会は，個性を重んじるよりむしろ，ほかの人とうまくやっていくことに，より大きな価値を置く社会のようだ。 (神戸大学)

ヒント

① 主語を何にするか？ ➡ 3つ考えられる。
② 「日本社会」は限定できるか？
③ 「個性を重んじる」 ➡ respect[value] individuality，「(人と)

うまくやっていく」 ➡ get along (well) with ～ 。

訳例

1. Our society in Japan seems to put a higher value on getting along with others than on respecting individuality.
2. In Japanese society we seem to value harmony more than individuality.
3. In Japanese society, where we live, getting along well with others seems to be more important than respecting individuality.

解説

「日本社会は（訳例1）」「日本人［私たち］は（訳例2）」「うまくやっていくことは（訳例3）」の3つを主語にすることができます。
日本社会は1つしかないので，関係詞を使うときは非限定用法。
「うまくやっていくこと」は不定詞でも動名詞でもかまいません。

問題4

このまま地球の温暖化が続くと，21世紀の終わりまでには，地球の平均温度が3℃以上上昇するだろう。

（姫路工業大学）

ヒント

① 「このまま～が続くと」は「今の割合で～し続けると」と考える。
② 「地球の温暖化」 ➡ global warming,「地球の平均温度」 ➡ the average temperature of the earth。
③ 「3℃以上」 ➡ 差異を表す前置詞はなにか？「～℃」は, ～ degrees centigrade。

訳例

If the earth continues to get warmer at the present rate, the

average temperature of the earth will rise by three degrees centigrade or more by the end of the 21st century.

解説

as S be は「S のいつもの状態で」の意味なので,「このまま」を as it is と書かないように。

「世紀」は必ず the をつけて序数で表します。「21 世紀」は the twenty-first century。the 21th century と間違う人がたくさんいます。「20 世紀」は the twentieth century だから the 20th century ですが,「21 世紀」は the 21st century です。

I am older than you by three years. のように,差異を表す前置詞は by。

問題5

大気汚染の最も恐ろしい面の一つは,大気汚染を引き起こす国自体がその主たる犠牲になっているとは限らないという点だ。　　　　　　　　　　　　　　　　　　　（愛知県立大学）

ヒント

① 「大気（環境）汚染」➡ air[environmental] pollution,「引き起こす」➡ cause。
② 「～の一つ」➡ one of に続く名詞に注意。
③ 「～とは限らない」➡ 部分否定 not always[necessarily] を使う。
④ 「～という点だ」➡「～ということだ」と考えるが,この「こと」は what か that か？

訳例

One of the most terrible aspects of air pollution is that the country causing it is not necessarily its main victim.

解説

「点」や「面」は基本的に英語に訳す必要はありませんが,この問題では「面」

は書かざるをえません。そんなときは aspect を使ってください。
one of に続く名詞は必ず the や one's で限定した複数形で。「(人にとって) 恐ろしい」は terrible, dreadful, horrible など。「(人が) 恐ろしい (と感じている)」を表す scared, terrified などと混同しないように。
この文脈では，大気汚染を引き起こす国は1カ国と考えたほうが自然なので，the country。
「大気汚染を引き起こす～限らないということだ」は1つの事実を表しているので，接続詞の that で表します。

問題6

幼児がどのようにして言語を習得するかについては，さまざまな仮説がある。周囲の大人が口に出す言葉を，ただまねることによって，言葉を話せるようになると主張する学者もいる。

(大阪大学)

ヒント

① 「どのようにして～するか」は，現実か理想像か？
② 「仮説」 ➡ hypothesis (複数形は hypotheses)。
③ 「～の周囲の人」 ➡ 人＋around ～。
④ 「主張する」 ➡ どんな動詞を使うか？

訳例

There are various hypotheses as to how infants learn a language. Some scholars argue that they learn to speak a language merely by repeating words adults around them utter.

解説

「習得する」は完全な習得を意味する master より，learn が安全です。surround は「ぐるりと取り囲む」の意味なので，「周囲の大人」を adults surrounding them と表現すると変です。
「言葉を話せるようになる」は learn to V (～できるようになる) を使って，

learn to speak a language。
理論や学説の主張には argue を使います。
また，hypotheses と how 〜（間接疑問文は名詞節）を絶対に続けて書かないようにしてください。同格関係，第 4 文型の 2 つの目的語，第 5 文型の目的語と補語などの例外を除き，名詞と名詞がつながることはありません。間に前置詞が必要です。as to は「〜について（の）」の意味の前置詞で，間接疑問文が続く場合に好まれるようです。もちろん，about を使ってもかまいません。

問題 7

アメリカ人が日本人と付き合って，なんとなくしっくりいかない理由の一つは，日本人の名前を覚えるのが難しく，また発音にも自信がないことにあるのではないか，と私は疑っている。 (大阪大学)

ヒント

① 「人と付き合う」を表す適切な動詞は？
② 「しっくりいかない」 ➡ feel awkward[uncomfortable, ill at ease]。
③ 「日本人の名前」 ➡ Japanese は「日本人の」という意味の形容詞で使える。
④ 「発音に自信がない」の「発音」は何の発音か？
⑤ 「疑う」は，doubt か suspect か？

訳例

I suspect one of the reasons why Americans feel awkward when they meet Japanese is that Japanese names are difficult to remember and that they aren't confident in pronouncing them.

解説

「人と付き合う」は see[meet] someone が無難です。get along with 〜は

長期間にわたる付き合い，associate with 〜は悪い交際を暗示することが多いので，使わないでください。
問題5と同様，one of に続く名詞に注意。
Japanese name と書きませんでしたか？　日本人の名前はいろいろありますので，もちろん Japanese names です。
文脈から，「発音」は日本語の発音一般ではなく，日本人の名前の発音と考えます（訳例の pronouncing them の them は Japanese names を指す代名詞）。
doubt は「〜ではない」という疑い，suspect は「〜だ」という疑いを表します。I doubt that he is stupid. は「（バカなふりはしているが）私は彼がバカではないと思う」。doubt は that 以下ではないと疑うの意。I suspect that he is stupid. は「（えらそうなことを言っているが）私は彼がバカだと思う」。suspect は that 以下だと疑うの意。
迷ったら，think で逃げるのも手です。

問題8

私たちは入手する情報が多ければ多いほど，より不安ではなくなるが，ひどくかたよったニュース番組ほど危険なものはない。　　　　　　　　　　　　　　　　（首都大学東京）

ヒント

① 「〜すればするほど…」 ➡ 〈the＋比較級，the＋比較級〉構文は the に続ける語句に注意。

② 「不安な」 ➡ uneasy, worried，「かたよった」 ➡ biased, prejudiced, slanted。

③ 「〜ほど…なものはない」 ➡ Nothing V so[as] ... as 〜, Nothing V 比較級... than 〜。

訳例

The more information we get, the less uneasy we become. But nothing is more dangerous than terribly biased news programs.

Unit 3 練習問題

> 解説
>
> 「入手する情報が多い」は「多くの情報を入手する」と考えてください。もとの文は We get much information. で，much information をワンセットで前に出します。The more we get information，〜としないように。この more は形容詞 much の比較級ですから，修飾する名詞（information）とバラバラにしてはいけません。
> なお，information は不可算名詞なので，絶対に複数形にしないでください。

問題9

戦争ほど社会の変化を促すものはない。しかし，日本の場合，20世紀の前半に2つの大戦を経験しているが，第2次世界大戦が終わってはじめて，多くの社会改革がなされたのだった。 　　　　　　　　　　　　　　　　　　　　　　（信州大学）

> ヒント
>
> ① 「〜の場合」に続く文の主語が〜のとき，「〜の場合」を訳す必要はない。
> ② 「第2次世界大戦」 ➡ World War II, the Second World War。the の有無に注意。
> ③ 「〜してはじめて…」 ➡ It is not until 〜 that S V …, It is only ＋時を表す副詞（副詞句，副詞節）〜 that S V …。

> 訳例
>
> **Nothing brings about greater social changes than war. Though Japan experienced two world wars in the first half of the twentieth [20th] century, it was only after World War II [the Second World War] ended that its many social reforms were carried out.**

> 解説
>
> 時制は，第1文は一般論なので現在形，第2文は過去の事実なのですべて過去形を使ってください。

「変化を促す」は「変化をもたらす」と考えます。change と組み合わせる動詞は bring about や make が一般的。promote は「販売や平和を促進する」という意味なので，ここでは使いません。
「社会改革がなされた」は carry out social reforms を受動態にします。「いろいろな種類の改革」なので，reform は複数形にします。

問題10

科学のおかげで世界は大きく変化しました。ほかの人との交信が便利になり，長生きできるようになり，快適な生活もできるようになりました。　　　　　　　　　　（島根大学）

ヒント

①「変化しました」の時制は？
②「できるようになりました」をどう表現するか？
③「便利に」「長生き」「快適に」➡ これらはすべて現在と過去との対比。

訳例

Science has greatly changed the world. Now we can communicate with other people more easily, live longer, and lead a more comfortable life.

解説

世界は科学によって大きく変化し，今その変化した状態にあるので，「変化しました」は現在完了形。同様に「〜できるようになった」は，今できるわけですから，S have become able to V 〜。しかし，「ようになる」は無視して，Now S can V 〜 がより簡単です。
同一人物や同一の物の現在と過去との対比には比較級を使います。
訳例の１文目では science を主語にしていますが，the world を主語にすることも可能です。その際，Thanks to (the progress in) science the world has greatly been changed. と受動態で書いてしまう人がいます。change には「変える」という他動詞の意味のほかに「変わる」という自動

詞の意味もあるので，受動態にせず，the world has greatly changed とするほうが自然です。

「ほかの人との〜」以下を形式主語を使って書くと，it has become possible for us to communicate 〜と長い文になってしまうので，we を主語にするとよいでしょう。

問題11

知的職業に従事する者は，ときには視点を変えてみることが必要です。それは将来，医師や技師や薬剤師のような職業につく若い人についてもあてはまります。元気いっぱいの医師にしても，病人の立場に立ってみて，その気持ちをくみ取ることができなくてはなりません。　　（九州大学）

ヒント

① 「知的職業」➡ a profession, an intellectual occupation,「〜に従事する」➡ be engaged in[engage in] 〜,「視点を変える」➡ change one's viewpoint[point of view], see from a different viewpoint[point of view]

② 「〜にあてはまる」➡ be true of 〜,「〜の立場に立つ」➡ put oneself in[into] 〜's shoes。

③ 「病人」は sick people でいいか？

訳例

It is sometimes necessary for people who engage in intellectual occupations to change their points of view. This is true of young people who will be doctors, engineers, or pharmacists in the future. Even healthy and energetic doctors must put themselves into their patients' shoes and take their feelings into consideration.

解説

「者」「若い人」「医師」「病人」といった人を表す単語はすべて複数形で書い

てください。単数形よりも複数形のほうが一般性が高く，代名詞に置き換えるときに性の区別（he か she か）が問題にならないからです。the はつけません。the ＋複数形はその名詞全体を指し，例外がなくなるからです。

また，「医者になる」は become を使う人が多いですが，become は「〜になる」という動作が強調されるので，ここでは「医者になって，医者であり続ける」の意味を表す be doctors のほうが自然です。

訳例では「元気いっぱいの」は「健康で精力的な」，「くみ取る」は「考慮に入れる」と訳しました。「人の気持ち」の意味での feeling は必ず複数形で使います。

日本語は文脈で単語の意味が少し変化します。「病人」はふつう sick people で表しますが，この文では医師から見た病人なので，patient。さらに，「自分が担当する患者」ですから所有格で限定します。

問題12

日本語では，話し手が男であるか女であるか，大人であるか子どもであるかによって，用法が少々異なる。また，日本語を難しくしているもう１つの側面は，発音が同じでも意味の違う言葉が多くあるということだ。　　　（北海道大学）

ヒント

① 「日本語では〜用法が…」の主語を「日本語の用法」にするとスッキリ書ける。「用法」は usage（不可算名詞）。
② 「話し手」は a speaker か the speaker か？
③ 「〜によって異なる」は differ by 〜 とはいえない。
④ 「発音が同じでも意味の違う言葉」 ➡ 主格の関係代名詞（whichやthat）ではなく，所有格（whose）を使ってみる。

訳例

Japanese language usage tends to differ a little, depending on whether the speaker is male or female, adult or child. Another aspect that makes Japanese difficult to learn is that it has many words whose pronunciations are the same but whose meanings are different.

解説

「話し手」は誰であるか限定しないと「男か女か」「大人か子どもか」が判断できませんので，the speaker。

「～によって（応じて）…が異なる（変化する）」は，... differ[vary] depending on[according to] ～を使います。depending on も according to も前置詞です。後ろには名詞や名詞節（間接疑問文）が続きます。

male, female, adult, child に冠詞がついていないのは，形容詞で（もしくは形容詞的に）使っているからです。すべてに a をつけるとうっとうしい。

訳例の第2文，先行詞が another aspect と3人称単数なので，主格の関係代名詞 that に続く make には3単現の s を忘れずに。

また，same にはいつでも the をつけてください。many words 以下は，which[that] have the same pronunciation but have different meanings も可能です。

問題13

週末にキャンプを楽しむ人が増えてきました。確かに，都会生活でたまった疲れをいやすためには，自然の中でのんびりするのが一番でしょう。ただ残念なのは，木々の枝を折ったり，ゴミをそのままにして帰ったりする人がいることです。これでは，自分の疲れはとれても，自然のほうはいい迷惑だと思います。　　　　　　　　　　　　（京都大学）

ヒント

① 「週末に」 ➡ weekend につける前置詞は何か？
② 「～する人が増える」は入試最頻出構文。2つの書き方がある。
③ 「（ストレス，疲れを）いやす」 ➡ get rid of, remove ～。
④ 「自然のほうはいい迷惑だ」 ➡ 擬人的な表現なので意訳する。

訳例

More and more people are enjoying camping on weekends.

It is true that to relax in nature is the best way to get rid of the fatigue caused by city life. But unfortunately some people break branches from trees or leave their garbage behind. In this way they can recover from fatigue themselves, but they do great damage to nature.

解説

weekend には on をつけます（over the weekend は「週末を通じて」, for the weekend は「週末をすごすために」を表します。「今週末」なら, 前置詞をつけず this weekend）。この文の「週末に」は一般論ですから, the をつけずに on weekends。

「～する人が増える」は「ますます多くの人が～する」と考え, More and more people V ～か, The number of people who V ～ [people Ving ～] increases（この文の主語は number なので, 3人称単数扱い）。People who V ～ [people Ving ～] increase とは絶対にいえないことが最重要事項です。increase [decrease] の主語は, 数や量なので, people 自体を主語にはできません。

「都市生活でたまった」の「たまった」は「引き起こされた」と考え, cause を使います。accumulate は主によいものを蓄積するときに使います。

「残念なことには」という表現は入試の英作文にはよく見られます。いろいろないい方が可能ですが, 短く unfortunately か regrettably を覚えておきましょう。

「木」や「枝」に the をつけないように。the trees や the branches は「木や枝全部」の意味になります。

「ゴミ」は garbage, rubbish, trash。すべて不可算名詞ですので, 複数形にしないこと。自分のゴミですから, 所有格で限定します。

「迷惑」は相手が人なら annoy ですが, ここでは「自然に害を及ぼす」と考えましょう。日本語と英語とでは, 比喩表現が異なる場合が多く, 基本的には意訳してください。

問題14

昔は職業選択の自由がなかったので, 子どもは父親の職業を継がざるをえなかったが, 現代では, 親の仕事を選ぶ子

どもの数はぐんと減っている。しかし，子どもがどんな職業につこうとも，それがその子の天分を生かすものならば，親は子どもを応援すべきだと思う。　　　　　　（東北大学）

ヒント

① 「昔は」 ➡ formerly, in former times。
② 「自由がなかった」 ➡ 形容詞を使って表現すると？
③ 「職業を継ぐ」 ➡ succeed to は使えない。
④ 「減っている」 ➡ 「増える」と同様，2つの書き方がある。
⑤ 「どんな職業につこうとも」 ➡ この譲歩は「例外を認めない」譲歩。

訳例

In former times children had to take over their fathers' jobs, because they were not free in choosing their occupation. Today the number of children who succeed their parents is decreasing remarkably. But whatever job they choose, their parents should support them so long as it helps them make the most of their gifts.

解説

「～する選択の自由がない」はもちろん have no freedom to V ～ といえますが，be not free in Ving ～ ともいえます。形容詞を使うと，冠詞や名詞の単複という問題がありませんので，おすすめです。

「現代では」は in the present day [time] でしょうが，now や today が簡潔です。

succeed to は「（王位などを）継承する」の意味で，「仕事を継ぐ」は take over。もっとも，succeed を他動詞として使い，人を目的語にすれば，「人の後を継ぐ」の意味です。take over one's father's job ＝ succeed one's father。take over their father's job と書いていないかどうかもチェックしてください。正しくは，their fathers' jobs。

「～する人が減る」は Fewer and fewer people V ～ か，The number of people who V ～[people Ving ～] decreases（この文の主語は number なので，3人称単数扱い）。「増える」のと同じように People who V ～ [people Ving ～] decrease とは絶対にいえません。

例外を認めない譲歩には，疑問詞 -ever [no matter 疑問詞] を使います。whatever [no matter what] には，代名詞として単独で使い「なにが（を）～でも」の意味と，形容詞として後ろに名詞を続けて使い「どんな…が（を）～でも」の意味があります。後ろに続く名詞は単数形が原則。
「天分を生かす」は，「子どもがその天分を最大限に活用する」か「天分を伸ばす」と考え，make the most of their gifts か develop their gifts とします。

問題15

子どもは好奇心のかたまりだ。それが多くの動物の場合，成熟すると幼いときほどには好奇心を示さなくなるらしい。ところが，人間は年をとっても，さまざまなことに対する興味をもち続けることができる。してみると，人間はいつまでも子どもでいられるという特権を享受する幸福な種族であるかもしれない。

（京都大学）

ヒント

① 「好奇心のかたまりだ」 ➡ 「かたまり」という単語にとらわれないこと。また，品詞も柔軟に対応すること。
② 「好奇心を示さなくなる」 ➡ 名詞（curiosity）ではなく，形容詞（curious）を使うと？
③ 「人間」をどう表現するか？ それを代名詞に置き換えたときは？
④ 「～という特権」 ➡ この同格表現にはofを使う。the privilege of Ving ～。

訳例

Children are very curious. But many animals seem to become less curious as they mature. On the other hand, we can continue to have a great interest in various things even when we grow old. So we may be a fortunate species who has

Unit 3 練習問題

the privilege of remaining children all our lives.

> 解説

「好奇心のかたまり」ということは,「とても好奇心が強い」わけですから,形容詞 curious を使うと be very[extremely] curious。もしくは,「好奇心でいっぱいである」と考え,名詞 curiosity を使うと be full of curiosity。「好奇心を示さなくなる」も,形容詞を使うと「好奇心が弱くなる」わけですから,become less curious といえます。英語は形容詞で表現すると,簡単にスッキリいきます。もちろん,show[have] less curiosity でもかまいません。なお,訳例の as they mature の as は比例「〜するにつれて」を表しています。

「人間」は,human beings, humans(複数形にするのを忘れないように), people, we などです。we 以外は名詞ですが,代名詞に置き換える場合には,they を使ってください。

訳例では,「してみると」に so を使っています。so はそれまでに書かれていること全体をまとめて理由にするときに,よく使われる等位接続詞です。

「いつまでも」は人間には寿命がありますので,forever はオーバーかもしれません。「生きている間は」か「いくつになっても」と考えて,all our lives や,no matter how old we are とします。

「〜のままだ,依然として〜だ」を表す remain を使いこなせるようになると,英語表現力は大いに向上します。

訳例の最終文が a fortunate species と単数形になっているのは,人類全体が1つの種族だからです。なお,species は単複同形です。

Unit 4

自由英作文対策

◎ 自由英作文とは？

　与えられた日本文をそのまま英語に訳す出題形式以外を，まとめて「自由英作文」と呼ぶことにします。自由英作文を出題する大学は年々増加しており，きちんとした対策が不可欠です。

　自由英作文は，次の3つのタイプに分けられます。

> ① **要約・説明型**……与えられた日本文を英語で要約したり，絵やグラフを英語で説明させたりするもの。
> ② **完成型**……文や手紙の空所を補って，英文を完成させるもの。
> ③ **テーマ型**……テーマが与えられ，それに対する個人的な意見，とくに賛成か反対かを述べさせるもの。

　出題の中心は ③ のテーマ型です。7割近くを占めますので，ここからはテーマ型自由英作文にまとを絞って解説します。

◎ どのようなテーマが出題されるか？

　出題テーマは多岐にわたりますが，①「小学校で英語を教えるべきか」「公共の場をすべて全面禁煙にすべきか」といったような社会問題と，②「旅行をするとき，あなたは友だちと一緒に行きたいか，それとも一人旅がしたいか」「あなたの人生に最も大きな影響を与えた事件」といったような個人的問題に大別されます。① は日本特有の社会問題が中心です。どちらも，解答者の個人的な意見，感想が求められています。私の授業で「あなたに最も強い印象を与えた本」というテーマで英作させると，本の解説（著者が誰で，どんな登場人物が出てきて，どんな事件が起こるかなど）をだらだらと書く生徒が必ずいます。最低な解答です。あくまでもあなたの個人的な感想，すなわち，あなたがその本のなにに感動し，どのような影響を受けたかを書かなければダメです。

Unit 4 自由英作文対策

　出題されるテーマは，時代とともに変化します。「携帯電話の是非」が「小学生に携帯電話をもたせることの是非」に変わり，そして「スマホの是非」が登場しました（2014年，富山大学）。人気のあった「選挙権を18歳に引き下げるべきか」というテーマも，それが実現した今後は，「18歳選挙権制度が有効に機能するには，なにが必要か？」とか，「若者に選挙に興味をもたせるためにはどうすればよいか？」といったテーマに変わるでしょう。「小学校で英語を教えることの是非」にも同じようなことがいえます。とはいえ，「大家族と核家族のそれぞれの長所短所」や「都会生活と田舎生活のそれぞれの長所短所」といった，時代に左右されないテーマに根強い人気があることも事実です。

◎ 自由英作文の難しさ

　自由英作文には語数の指定があります。短いもので20〜30語，長いものになると300語を超えますが，平均すると100語です。入試問題の制限時間は90〜120分。このうち英作文に使える時間は20分程度しかありません。この時間で論理的な100語の英文を書くのは，一部の優秀な帰国子女を除き，不可能といっても過言ではありません。英作文は書き終わった後の文法事項（時制，名詞の単複，代名詞など）の見直し作業がたいへん重要ですが，とてもとてもそんな時間はありません（涙）。そもそも，平均的な高校生にとって，時間制限に関係なく，100語の英文を書くこと自体が至難の業です（書いたことのない人は1度試してください。100語の英文は長いですよ）。日本の大学は受験生に無理なことを求めるものだなあと，ため息が出ます。

◎ 自由英作文のワナ

　自由英作文では，どうしても書く内容に神経が集中し，英文自体がおろそかになります。なにを書くべきかに注意が向けられ，どう書くべきかに注意がいかなくなるのです。たとえば，「あなたが旅行してみたい国」というテーマで英文を書かせると，visit が他動詞で there が副詞だと十分わかっている人が，平気で visit there と書くミスを犯します。私の経験上，課題の日本文をそのまま英訳する問題よりも，自由英作文のほうが文法の間違いやスペルミスがはるかに多いようです。大学が自由英作文を出題する狙いも，そこにあるのかもしれません。

◎ 自由英作文で求められているもの

みなさんが肝に銘じなければならないことは，自由英作文はあくまでも英語のテストだということです。書く内容はありきたりな，ごくごく平凡なものでかまいません。大学は自由英作文であなたの個性を評価しようとは考えていませんから。2008年に慶應大学で出題された自由英作文に，次のような英文のただし書きがありました。

There is no right or wrong answer. Pay attention to grammar, spelling, the connecting words, and logic.

受験生が書く英文の内容に正解・不正解はなく，文法やつづりの正しさ，接続詞の使い方，論理の一貫性が問われているのです。

また，あなたが書くものが事実である必要もまったくありません。2006年の東京大学の問題には，「適宜創作をほどこしてもかまわない」との注意書きがついていました。天下の東大が認めているのです，フィクションでかまわないと。

日本語の小論文と同様に，自由英作文も聞かれていることにちゃんと答えなければダメです。たとえば，「小学校で英語を教えることに賛成か反対か」に対して，国際語としての英語の重要性や，英語を身につけることの将来的な長所をだらだら書くのは愚かなことです。聞かれているのは，あくまでも「中学校」ではなく「小学校」で英語を教えることの是非なのですから。ピンポイントさが大切ですね。

◎ 論理の一貫性とは？

私は論理とかロジックという言葉があまり好きではありません。肩ひじを張った感じがするからです。あまり難しく考える必要はありません。読む人間が「ああ，そうだよね」と納得すればいいのです。「でも，こういう場合はどうなの？」と突っ込みを入れられなければいいのです。

私が授業で実感するのは，生徒は欲張ってあれもこれもいろいろと書きたがるということと，書き放しにする，つまり意見や主張のみでそれを支持する理由を書かないことです。なにか意見や主張を書いたら，必ず複数の理由付けをしてください。ロジックとは，相手が納得できる正しい理由をきちんとつける

ことなのです。

　相手を納得させる英文を書くコツは，書くことを少なくして，できるだけ丁寧に説明すること。たとえば，「あなたの主張の根拠を２つ以上あげなさい」といわれたら，３つも４つも根拠を述べずに，２つに絞ってそれについてしつこいぐらいにじっくりと書くのです。論理に関して，受験生が最も犯しやすい過ちは，論理の飛躍です。歩行にたとえれば，スキップどころか，３段跳びのような英文を平気で書きます。自分ではそれで理屈が通っていると思っているのですが，相手にはなんのことやらわかりません。とにかく歩幅を狭くして，ちょこちょこ歩きましょう。ここまでくどく説明しないとわかってもらえないのかというほど，丁寧に書きましょう。そうすることで，結果として論理的な内容になります。

◎ 無理に語数を稼ごうとしない

　受験生がつまみ食いのようにあれこれ書きたがる理由の１つは，そうしないと語数をクリアできないからです。生徒は語数制限に関してとても神経質になります。私の授業でも，「100語以上の英語」と条件がついていれば，99語だと採点の対象外になるのではと心配する生徒がいます。語数制限に達していない答案をそれぞれの大学がどのように扱うのか，私には正確なところはわかりません。減点の対象になることはいうまでもありませんが，常識的に考えてみてください。語数制限はクリアしていてもゴミのような内容の，デタラメな英文と，制限語数の半分しか書いていないけれども論理的で文法的にも正しい英文のどちらに大学が高い得点を与えるかを。もし前者を優先するような大学であれば，進学しないほうが賢明でしょう。もちろん，めざすべきは語数制限をクリアした論理的で正しい英文です。ただ語数に神経質になるあまり，同じ内容をくり返し書いたり，意味もなく冗長な表現を用いたりすることは有害無益なのです。

◎ 唯一の現実的対策

　これまで述べてきたように，テーマ型の自由英作文にはいろいろなハードルがあります。受験本番で，書く内容を考え，制限時間内に指示された語数を満たした論理的で正しい英文を書くことは不可能だと思ってください。

したがって，出題頻度の高いテーマに関して（理想的には30以上のテーマ），あらかじめ解答を用意し（賛成か反対かも決めておく），それを暗記することが唯一の現実的対応策でしょう。まったく同じテーマでなくても，似たテーマが出題されれば，覚えた語いや表現が応用できるはずです。

100語の英文を完璧に暗記するのはたいへんですし，途中でつまずくとその先を思い出すことができなくなることもあります。ですから，まず，あるテーマを論じるのに不可欠な単語や熟語を押さえます。たとえば，「公共の場所を全面禁煙にするかどうか」について書くとき，harm of passive smoking（間接喫煙の被害）という熟語を知っているだけで，がぜん有利です。次にそれを使った15～20語程度の英文を3つか4つ覚えます。1つは要旨（topic sentence）で，残りの2，3つがその理由（supporting sentences）です。そうすれば，60～80語のまともな英文が書けるでしょうし，それで楽々合格ですよ。

では，いくつか具体的な例題を使って説明してみましょう。なお，より多くのテーマに関する，より実戦的な対策については，『もっと減点されない英作文　過去問演習編　改訂版』のUnit 4を参照してください。

例題1

エネルギーの節約のために，あなたが日常生活で気をつけていることを100語以上の英文で書きなさい。

考え方
個人にできること，しかも，高校生にできることには限界があります。たとえば，「私はできる限り，車を運転しないようにしている」は高校生としては少し変です（車を運転する高校生もいるでしょうが）。より現実的な例をあげれば，電気（または水など）の無駄使いをしないことと，リサイクルです。

使える語句
● 電気を節約する ➡ save electricity

Unit 4 自由英作文対策

- 不要な照明は消す ➡ turn off the unnecessary lights
- エアコンを使わずにすます ➡ do without air conditioners
- 水を出しっ放しにする ➡ leave the water running
- ビニール袋 ➡ a plastic bag
- 割りばし ➡ throwaway chopsticks
- 新聞紙をリサイクルする ➡ recycle newspapers
- 公共輸送機関 ➡ public transportation

暗記例文

① 私は毎日の生活でできる限り電気の無駄使いをしないように心がけている。

I try hard to save as much electricity as possible in my daily life.

② いらない照明はできる限り消すようにしているし,エアコンもなるべく使わないですますようにしている。

I always turn off the unnecessary lights in the house, and try to do without air conditioners.

③ 歯を磨いたり,顔を洗ったりするとき,水を出しっ放しにしないようにしている。

I try hard not to leave the water running when I brush my teeth or wash my face.

④ いつでもマイバッグと自分専用のはしを持ち歩き,コンビニエンスストアで食べ物を買うときに,ビニール袋や割りばしがいらないようにしている。

I always carry my own bag and chopsticks so that I won't need plastic bags or throwaway chopsticks when I buy some food at convenience stores.

解答例

I try hard to save as much electricity as possible in my daily life. For example, I always turn off the unnecessary lights in the house, and try to do without air conditioners. Even when I use the air conditioner in my room, I am careful not to overheat or overcool the room. I also try hard not to leave the water running when I brush my teeth or wash my face. In addition, I always carry my own bag and chopsticks so that I won't need plastic bags or throwaway chopsticks when I buy some food at convenience stores. (**100**語)

例題2

あなたが今までに読んだ本の中で最も大きな影響を受けたものについて，100語以上の英文で書きなさい。

考え方

小説のテーマの基本は人間の愛と死。また，小説を読む意味は，楽しむことはもちろんのこと，それによって読者が新たな視点を手に入れ，人間的に成長できることです。主人公の生き方に感動し，あなたがどう変わったかを書きましょう。

使える語句

- 〜に最も感動する ➡ be most deeply impressed[moved] by 〜
- 人生の多くの苦難に遭遇する ➡ be faced with a lot of hardships in one's life
- 人生の障害を乗り越える ➡ get over the obstacles of life
- 主人公に強い共感を感じる ➡ feel strong sympathy for the hero[heroine]
- 主人公と一体感を覚える ➡ identify with the hero[heroine]
- 大人へと成長し，子どもじみた考えから抜け出す手助けとなる
  ➡ help one mature and grow out of one's childish ideas

暗記例文

① …(著者)の〜 (本の題名)が，私が最も感銘を受けた小説です。
  〜 by ... is the novel I was most deeply impressed by.

Unit 4 自由英作文対策

② この小説の主人公は多くの苦難や挫折を経験する。
The hero[heroine] was faced with a lot of hardships and frustrations.

③ いろいろと苦労した後で，主人公は懸命に努力し，ついに人生の障害を乗り越える。
After meeting a lot of difficult problems, the hero[heroine] got over the obstacles of life with strenuous efforts at last.

④ 私は主人公に強い共感を感じ，一体感を覚えた。
I felt strong sympathy for the hero[heroine] and identified with him[her].

解答例

~ by ... is the novel I was most deeply impressed by. The hero[heroine] was born a poor son[daughter] and was faced with a lot of hardships and frustrations since he[she] was a small child. But after meeting a lot of difficult problems, the hero[heroine] got over the obstacles of life with strenuous efforts at last. As went on reading, I felt very strong sympathy for the hero[heroine] and identified with him[her]. I was very lucky to read this book when I was a junior high school student, because it greatly helped me mature and grow out of my childish ideas.
（作者名と題名を除き，99語）

例題3

あなたが最も尊敬している人について，100語以上の英文で書きなさい。

考え方

身近な人であなたを変えてくれた人，あなたのロールモデルとなっている人について書きましょう。受験では学校生活に関する出題が

多いので，家族ではなく，先生にしておくと応用範囲が広がります。有名人でもかまいませんが，事実と違うことが書けないので，創作はしにくくなります。

使える語句

- 最初は〜 ➡ at first 〜
- （後で）〜だとわかる ➡ turn out (to be) 〜
- 厳しいが，生徒をえこひいきしない ➡ be strict with one's pupils but impartial and fair to them
- 〜（教えている教科名）に強い情熱をもっている ➡ have strong passion for 〜
- 〜を最後まであきらめずにがんばる ➡ stick to 〜

暗記例文

① 〜（先生の名前）先生が，私が最も尊敬している[影響を受けた]人[先生]だ。
Mr.[Ms.] 〜 is the person[teacher] I respect most. あるいは Mr.[Ms.] 〜 is the person[teacher] who has had the greatest influence on me.

② 〜先生は最初は冷たい感じがしたが，本当はやさしい人だとわかった。
Mr.[Ms.] 〜 looked cold-hearted at first, but turned out to be very considerate.

③ 〜先生は確かに生徒には厳しいが，公平でえこひいきしない。
Indeed, Mr.[Ms.] 〜 is strict with his[her] pupils[students] but impartial and fair to them.

④ 〜先生は私に人生で一番貴重なことを教えてくれた。
Mr.[Ms.] 〜 taught me the most valuable lesson of life.

⑤ あきらめないことが最も大切だ。
Nothing is more important than never giving up.

> 解答例

Ms. Furukawa is the person I respect most[who has had the greatest influence on me]. She teaches calligraphy to kids in my neighborhood. I was told by my mother to attend her school when I was seven. She looked cold-hearted at first, but turned out to be very considerate. Indeed, she is strict with her pupils but impartial and fair to them. Soon I came to like her, but I did not become interested in calligraphy itself. A month after I began to go to her school, I told her that I wanted to leave. Then she said, "Once you begin something, stick to it." She taught me the most valuable lesson of life: Nothing is more important than never giving up. (114語)

(注)**calligraphy**「書道」

Unit 5

入試頻出構文25

いくら日本語を変えてやさしい英文を書くといっても，最低限必要な構文と語いが存在します。ここでは入試英作文に必須の頻出構文25をしっかり覚えましょう！ もちろん，英文読解にも役立ちます。

1. 「～する人が増えている[減っている]」

① More and more[Fewer and fewer] people V ～ .
② The number of people who V ～ increases[decreases].
✕ People who V ～ increase[decrease].

「ますます多くの人[ますます少ない人]が～する」か，「～する人の数が増える[減る]」と考えます（②の people who V ～ は，people Ving ～ でも OK です）。People increase[decrease]とは絶対にいえません。increase[decrease]は「数や量」が増える[減る]の意味だからです。①のほうが口語的な表現です。ただし，「著しく増える」とか「急速に減る」のように，増え[減り]方に修飾語がつくとき，①は increase[decrease] を使わない表現なので，②を使います。The number of people who V ～ remarkably increases[rapidly decreases]. のように書きます。②は主語が無生物のときも使えます。また，①は現在進行形で，②は現在完了形で表現するのが基本です。

例

週末にキャンプを楽しむ人が増えてきました。
More and more people are enjoying camping on weekends.

最近，公衆電話が著しく減った。
Recently the number of pay phones has remarkably decreased.

2. 「～ほど…なものはない」

Nothing V so[as] 原級... as ～ .
Nothing V 比較級... than ～ .

文法問題でもよく出題される，原級や比較級を用いた最上級表現です。表している内容は最上級ですから，〈～ V 最上級...〉と書けば，同じ意味を表現できますが，問題文が「～ほど…なものはない」となっている場合，出題者はこの構文を求めていると思ってください。

例

授業中に携帯電話が鳴ること以上に教師の気にさわることはない。

Nothing is more irritating[annoying] to teachers than a cell phone ringing in[during] class.

3. 「確かに～だが，…」

Indeed S V ～, but S V ...

ある事実を認めた上で，なにかを主張する表現です。Indeed のほかに，It is true (that), To be sure, Surely, Certainly などいろいろな表現があります。どれか１つを覚えて同じ表現を使うといいでしょう。また，S may V ～, but S V ... も全く同じ意味を表すことができます（この may は譲歩）。

例

確かにブライアンはまだ若いが，なかなか思慮深い。

Indeed Brian is still young, but he is very discreet.

4 「~するのに時間がかかる[努力が必要だ]」

It takes（人）time[effort(s)] to V ~ .

「彼がその本を書くのに3年かかった」のように，特定の人間の動作は，It took him three years to write the book. と，take の後に人を置き（人が間接目的語，time が直接目的語の第4文型。It took three years for him to write the book. ともいえます），一般論の場合は人を省略します。人を主語にして，He took three years to write the book. と表現すると，「彼は3年かけてその本を書いた」となり，彼の意図的な努力に主眼が置かれ，ニュアンスが変わります。

> **例**
>
> 中くらいのサイズの辞書を作るのに，最低5年はかかる。
> It takes at least five years to compile a middle-sized dictionary.

「~するのにお金がかかる」

It costs（人）money to V ~ .

> **例**
>
> 車を修理するのに500ドルかかった。
> It cost me five hundred dollars to have my car fixed.

「お金がかかる」といいたい場合は，take を cost に変えます。five hundreds は間違いです。具体的な数字を表すときには，hundred も thousand も複数形にはしません。hundreds of ~（何百もの~）や thousands of ~（何千もの~）の場合にだけ複数形。

5 「~するのに時間や努力を注ぎ込む」

put time and effort(s) into ~

spend は time を目的語にできますが，effort はできませんので，「時間と努力[エネルギー]を費やす」は put time and effort(s) [energy] into Ving ~ と書きます。effort は可算名詞としても不可算名詞としても使えます。動詞を変えて，spend time and <u>make</u> effort(s) to V ~ と表現することも可能です。

例

彼はその計画に大いなる時間と努力を注ぎ込んだ。
He put a lot of time and efforts into the project.

6 「~によって[応じて]Sは異なる[変化する]」

S differ[vary] depending on[according to] ~ .

「~によって」という日本語につられて by を使わないように。depending on は前置詞として使います。動詞は change ではありません。differ[vary] が「同一の人[物]が形や性質の点で変化する」のに対して，change は「ある物が別の物に変化する」の意味だからです。

例

食欲は年齢によって変わるものだ。
Your appetite differs depending on your age.

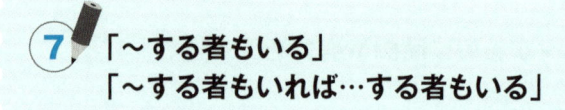

7. 「～する者もいる」「～する者もいれば…する者もいる」

Some people V ～ .
Some people V ～ , while others V ...

There are some people who V ～ . と書く生徒をよく見かけます。字数が増えるだけですので，Some people V ～ . と簡潔に書いてください。同じ内容を表すことができれば，1 語でも短く。これが英語らしい英語を書くコツです。
2 つ目の構文では，接続詞に and を使うこともできますが，比較・対照を表す while がベストです。

> 今日，読書は昔ほど必要ではないと考える人たちもいる。
> Today some people think reading is not as[so] necessary as it was before.
>
> 犬が好きな人もいれば，猫が好きな人もいる。
> Some people like dogs, while others like cats.

8. 「これは～にもいえる[あてはまる]」

This is true of ～ .

This can be applied to ～ , This is the case with ～ , The same can be said about ～ など，いろいろないい方がありますが，これが最も簡潔で覚えやすい。日本語の「～にも」に合わせて，also をつける必要はありません。

> **例**

他人に話しかけられて，返事をしない人はいないだろう。
手紙についても同じことがいえる。

Everybody answers when spoken to. This is true of letters.

9 「Sは意外に[案外]～だ」

S V + 比較級～ + than one expect[think, imagine].

「意外[案外]に」は「予想していた以上に」と考えて，比較級を使って表現します。S V + surprisingly[unexpectedly] + 原級～. や，Contrary to one's expectation, S V. といった副詞や副詞句でも表わすことができます。

> **例**

その映画は意外とおもしろかった。

The movie was more interesting than I (had) expected.

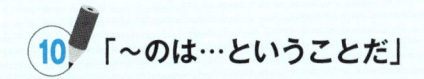

10 「～のは…ということだ」

What (S) V ～ is that S V ...

主語に関係代名詞の what を使い，be 動詞の後に接続詞 that 節を続ける書き方は，応用範囲の広い，とても便利な構文です。ぜひ覚えておきましょう。

> **例**

ぼくを怒らせたのは，彼女が約束の時間に間に合わないと知りながら，電話をかけてこなかったことだ。
What made me angry was that she didn't call me when she knew she would be late for the appointment.

when には，譲歩（〜なのに）の意味があります。

11 「〜のためにそれだけ[かえって]いっそう…」

S V all the + 比較級... + for [because] 〜 .

なにかが，ある理由に比例するときに使う構文です。文法の参考書などで，I like him all the more [better] for his faults [because he has some faults]．（欠点があるために，私はかえって彼のことが好きだ）という英文を見たことがある人も多いと思います。この構文は京都大学のような難解な英作文問題には，とくに効力を発揮します。

> **例**

桜のさかりはせいぜい3, 4日ぐらいだろう。花の命は確かに短く，はかないが，しかしそうだからこそ，ひとしお愛惜の念がわく。
Cherry blossoms are in full bloom for only three or four days. Indeed, their life is quite short, but I love them all the better for it.

12 「〜年ぶりに…する」

S V ... for the first time in 〜 years.

「〜年ぶりに…する」は「(ここ)〜年ではじめて…する」と表現します。「久しぶりに」は「(ここ)何年もではじめて…する」と考え，S V ... for the first time in many years. 。「〜年ぶりにある場所を訪れる」というときは，「〜年の不在の後で」と考え，S V ... after 〜 years' absence [a 〜 -year absence, an absence of 〜 years]. が使えます。「〜年ぶりに人に会う」場合は，absence を separation（別れていること）にします。

例

10年ぶりに故郷に帰った。
I went to my hometown for the first time in ten years.

13 「〜して…年[月, 週, 日]になる[たつ]」

① It is [has been] ... years [months, weeks, days] since S Ved 〜.
② ... years [months, weeks, days] have passed since S Ved 〜.

①の時制は現在形か現在完了形，②は現在完了形。since 以下は必ず過去形にしてください。この２つの構文を混同して，多くの受験生が It has passed ... years since S Ved 〜. と書きますが，絶対にダメです。次のページの例文で確認しておきましょう。

父が死んで 10 年になります。
○ It is[has been] ten years since my father died.
○ Ten years have passed since my father died.
✕ It has passed ten years since my father died.

> **例**
>
> アルバイトを始めてから1週間にしかならないが，もうすっかり仕事に慣れた。
> It is only a week since I began to work part-time, but I have already got used to the work.

14.「～して[になって]はじめて…する」

It is not until[only＋時を表す副詞（副詞句，副詞節）］～ that S V ...

S do not V ... until［only ＋時を表す副詞（副詞句，副詞節）］～．(～するまで…しない) の not ＋ until ～を it is that の強調構文で強調したものです。until は接続詞としても前置詞としても使えますので，until の後は S V も名詞［副詞］も続けることができます。not until［only ＋時を表す副詞（副詞句，副詞節）］～を文頭に出す書き方もありますが，後が倒置形になるため，あまりおすすめしません。

> 例

彼女が亡くなってはじめて，やはりいい人だったと気がついた。

It was not until she died that I realized she was truly a nice woman.
It was only after her death that I realized she was truly a nice woman.
（＝Not until she died did I realize she was truly a nice woman.）

15. 「今こそ(…が)〜すべきときだ」

Now is the time (for ...) to V 〜 .

It is time for ... to V 〜 . , The time has come when ... should V 〜 , It is high time ... Ved 〜 . など，いろいろな表現ができますが，Now is the time (for ...) to V 〜 . が最も口語的。

> 例

今こそもっと日本人が日本のことを外国語で書いたり，しゃべったりしなくてはならないときだ。

Now is the time for Japanese people to write and talk more about Japan in foreign languages.

16. 「現代[今]は〜の時代だ」

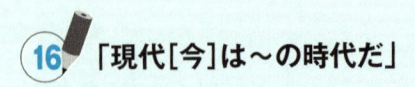

This is the age of 〜 .

主語の This は「今日，現代」の意味を表します。〜が名詞ではなく文のときは，of を関係副詞の when に変えます。

例

現代はインターネットの時代だ。
This is the age of the Internet.

17. 「現代[今日]ほど〜が…な時代はなかった」

〜 has never been more[so] ... than[as] 〜 is today.

「時代」を表す単語はいろいろあり，迷ってしまいますが，age と period がよく用いられます。era は明治時代のような「歴史上の区分としての時代」，epoch は「新時代の幕開けとなる重大な事件が起こった時代」で，どちらも特定の時代を指します。私のアドバイスとしては，なるべく「時代」を書かずにすませることです。この構文も「現代ほど〜が…な時代はなかった」を「〜が現代そうである以上に…だったことは1度もない」と考え，比較級（または原級）を使った最上級表現を用い，「時代」という言葉を避けています。

例

今日ほど，音楽が日常生活に不可欠な時代はない。
Music has never been more[so] indispensable to our daily lives than[as] it is today.

18. 「～するよりほかに仕方[手]がない」

S just have to V ～ .

have no choice but to V ～ や there is nothing for it but to V ～ といったいい方もありますが，S just have to V ～ が一番口語的でシンプルです。cannot help Ving や cannot help but V は「笑わざるをえない」とか「考えざるをえない」のように，感情や思考に限定して用い，「ほかに方法がない」という場合には使わないようにしてください。

例

彼の申し出を受け入れざるをえなかった。
I just had to accept his offer.

19. 「このままS'がV'し続けると，…までにSはVする」

If S' V' at the present rate, S will have Ved ～ by ...

「このまま」を「今の割合で」と考えます。「このまま」を as it is と書かないようにしてください。as S be は「Sのいつもの状態で」の意味ですから。by ... で未来の一時点が決まるので，主節の動詞は未来完了形にします。ほとんどの受験生が未来形と未来完了形[未来進行形]の区別ができません。漠然とした未来の動作であれば未来形，特定された未来の動作であれば未来完了形[未来進行形]です。また，動作の完了を表す by（～までに）と，動作の継続を表す until [till]（～までずっと）の使い分けにも要注意。

> **例**
>
> このまま高齢化が進めば，2025年までに日本の人口の4分の1が65歳以上となるだろう。
>
> If Japanese society continues to age at the present rate, a quarter of the Japanese will have become more than sixty-five years old by 2025.

20.「～は人さまざまだ[人によって～は違う]」

People differ in ～．

「人は～において異なる」と考えます。～ vary from person to person. や Everybody has their own way of ～. と書くこともできます。differ[different] の後を必ず from にする生徒を私はたくさん見てきました。from の後には「なにと違う」かが続き，「なにが違う」かの前には in を置きます。I differ in opinion from you.（私はきみと意見が違う）のように。

> **例**
>
> お金に関して子どもにどういう教育をするべきか，人によって意見はさまざまだ。
>
> People differ in opinion as to how to teach their children about money.

21. 「(たとえ)どんなに〜でも[どんなに…しても]」

however[no matter how] ＋形容詞〜 S (may) be動詞
however[no matter how] ＋副詞〜 S (may) V …

「形容詞や副詞の程度がどんなものであっても」という意味の、例外を認めない譲歩構文です。「どのように[どのようなやり方で]…しても」の意味で方法に例外がないときは、however[no matter how] S (may) V…になります。

例

どんなに忙しくても、毎日読書はできる。
However busy you are[you may be], you can read every day.

22. 「(たとえ)どんな〜が[を]…しても」

whatever[no matter what] ＋名詞〜 S V … [V …]

「名詞がどんな種類のものであっても」という意味の、例外を認めない譲歩構文です。名詞は単数形が基本です。

例

どんな職業についていても、それなりの苦労があるものだ。
Whatever occupation you are engaged in, you will have some problems.

23. 「～のおかげで人は…できる」

① ～ enable + 人 + to V ～ .
② Thanks to ～, 人 can V ～ .

enable は「可能にする」の意味の動詞。①は直訳すると「～は人が…するのを可能にする」。無生物主語構文の代表です。enable の代わりに allow を使うこともできます。

例

科学の進歩のおかげで，昔は手が届かないと思われていた多くのものが享受できるようになった。

① Advances in science have enabled us to enjoy many things which were once thought to be out of our reach.
② Thanks to advances in science, we can enjoy many things which were once thought to be out of our reach.

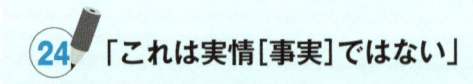

24. 「これは実情[事実]ではない」

This is not the case.

前文の内容が事実とは違う，実情ではないことを表す，とても便利な構文です。case は多義語の王様といってもいい単語ですが，as is often the case with ～（～にはよくあることだが）のように，the がつくと「事実，実情」の意味になります。this には前文（の中心）を指す大切な働きがあります。

> **例**

日本人の多くが日本は積極的に世界平和に貢献していると考えているが，残念ながらそうではない。

Many Japanese people think their country is actively contributing to promoting world peace, but unfortunately this is not the case.

25.「〜はどのようなものか」

What is S 〜 like?

Sが名詞ではなく不定詞「〜すること（〜であること）」の場合，What is to V 〜 like? ではなく，形式目的語を用いて What is it like to V 〜? にします。長い語句はなるべく文の最後に置きたいからです。入試では「Sは〜がどのようなものかわからない」という出題が基本。この「わからない」は「見当がつかない」の意味ですから，have no idea を使います。S have no idea what 〜 is like [what it is like to V] で頭に入れることをおすすめします（have no idea の後に間接疑問文が続くとき，本来間に入るべき of を省略します）。what 以下が間接疑問文になっている点に注意。

> **例**

彼女は電気のない生活がどんなものかわかっていなかった。

She had no idea what it was like to live without electricity.

Unit 6

入試頻出語い 200

ここには入試英作文に頻出する重要語いを50音順にまとめてあります。もちろん，これらの日本語にあたる英語の表現はいろいろありますが，なるべく1つの日本語に1つの英語，しかも最も暗記しやすく一般的なものをあげています。見出しの英語表現のうちで，可算名詞には a[an] か〜s をつけ，定冠詞が必要なものは the をつけてあります。

あ行

□1 合う
suit
「好み，趣味に合う」は suit,「体にぴったり合う」は fit,「物と物がつり合う」は match,「食べ物が体に合う」は agree with。

今の若者は「自分に合った仕事」を探しているらしい。
Young people today seem to be looking for "jobs that suit them."

□2 味わう
enjoy
taste は口で味わえる場合にだけ使う。

日本人は自然の音を味わうことに長けている。
Japanese people are good at enjoying the sounds of nature.

□3 足を組んで
with one's legs crossed
「腕を組んで」は with one's arms folded となり，crossed ではない点に注意。

ジェームスはいすにすわって足を組んだ。
James sat in the chair with his legs crossed.

□4 扱う
use
「機械，道具を扱う」は use,「問題を取り扱う」は deal with,「人を扱う」は treat。

祖父はコンピュータはいうまでもなく，携帯電話も扱えない。
My grandfather cannot use a mobile phone, much less a computer.

☐ 5 アメリカ〈アメリカ人〉
the United States / the US 〈the Americans / American people〉

いろいろといい方はあるが，国は the United States か the US（ピリオドを使わずに）。国民は the Americans か American people。名詞の American は可算名詞。

日本語を教えている小学校が米国，シカゴ市内にある。
There is an elementary school where Japanese is taught in the city of Chicago, the United States.

☐ 6 アルバイトする
work part-time / have a part-time job

アルバイトを始めてから1週間にしかならないが，もうすっかり仕事に慣れた。
It is only a week since I began to work part-time, but I have already got used to the job.

☐ 7 安心する，ほっとする
feel relieved

その数学の問題がやっと解けたときは本当にほっとした。
I felt really relieved when I managed to solve the math problem at last.

☐ 8 （試験で）いい成績をとる
get good marks (on the exam, on exams)

「学校でいい成績をとる」は，do well in[at] school

試験でいい成績をとろうという野心はいつとなく霧散した。
I unconsciously lost the ambition to get good marks on exams.

9 Eメールを交換する
exchange e-mail messages

コンピュータの時代といわれるが，Eメールでやりとりしたことのない人もいる。

This is said to be the age of computers, but some people have never exchanged e-mail messages.

10 イギリス〈イギリス人〉
the United Kingdom / the UK 〈the British / British people〉

いろいろといい方はあるが，国は the United Kingdom か the UK（ピリオドを使わずに）。国民は the British か British people。

イギリスは手紙の国だといわれる。

It is said that the United Kingdom is a country of letter writing.

11 意識するにせよ，無意識にせよ
consciously or unconsciously

意識するにせよ，無意識にせよ，色は私たちの感情に強い影響を与える。

Consciously or unconsciously, color has a strong influence on our feelings.

12 いじめ〈いじめる〉
bullying 〈bully〉

いじめを防ぐには，教師も生徒も勇気をもって行動することが不可欠である。

To prevent bullying, it is essential that both teachers and students behave with courage.

□ 13 衣食住
food, clothing and shelter

衣食住すべてにおいて，私は和風好みだ。
I prefer Japanese style for everything — food, clothing, and shelter.

□ 14 異文化コミュニケーション
intercultural[crosscultural] communication

外国人を理解し，異文化コミュニケーションを促進するために，人生の早い段階で外国語を教えるべきだ。
Foreign languages should be taught at the early stage of life to understand foreigners and promote intercultural communication.

□ 15 いやす，治す
cure

「病気をいやす／治す」は cure，「傷をいやす／治す」は heal，「物を直す」は mend。

その医師はガンを治す新しい方法を見つけようと日夜努力した。
The doctor made constant efforts to discover a new way to cure cancer.

□ 16（人にとって）嫌な
unpleasant / disgusting

disgusting は，より強い嫌悪感を表す。

趣味は何ですかと聞かれるのがとても嫌だ。
It is very unpleasant for me to be asked what my hobby is.

17 (〜に…な) 印象を与える
make［leave］a ... impression on 〜
日本語につられて，give を使わないように。

その絵は私になかなか消えない印象を残した。
The picture made a lasting impression on me.

18 美しい自然
beautiful natural surroundings / natural beauty

京都では，美しい自然を楽しむことができる。
In Kyoto you can enjoy beautiful natural surroundings.

19 うんざりする
be fed up with / be tired of

母の文句にはうんざりだ。
I'm fed up with my mother's complaints.

20 運動不足
lack of exercise

最近，運動不足で体調が悪い。
Recently I've been out of shape because of lack of exercise.

21 (適度な，定期的な) 運動をする
take［do］(moderate, regular) exercise

健康を維持するために，私は毎日適度な運動をしている。
To keep fit, I take moderate exercise every day.

22 (〜に…な) 影響を与える
have a ... influence[effect, impact] on 〜

生まれ育った環境が人生に大きな影響を与える。
The environment in which you are born and brought up has a great influence on your life.

23 英語教育
English teaching

私は自分の英語力の低さが，日本の英語教育のせいだとは思わない。
I don't think English teaching in Japan is responsible for the fact that I am poor at English.

24 英語圏の国
an English-speaking country

英語圏の国では，りんごは赤ではなく緑だと思っている人がいる。
In English-speaking countries, some people think apples are green, not red.

25 円高〈円安〉
the strong〈weak〉yen

円高のおかげで，日本人は安く海外旅行ができる。
Thanks to the strong yen, Japanese people can travel abroad at a lower cost.

☐ 26 欧米人
Europeans and Americans / Westerners
すべて複数形である点に注意。

欧米人はいくつになっても誕生日を祝う。
Europeans and Americans celebrate their birthdays no matter how old they are.

☐ 27 (人にとって) 恐ろしい
terrible / horrible / dreadful

これが大気汚染の最も恐ろしい面の一つだ。
This is one of the most terrible aspects of air pollution.

☐ 28 オゾン層の破壊
ozone depletion

世界の多くの国がオゾン層の破壊や地球温暖化など，人類の生存を危うくする深刻な公害問題に直面している。
A lot of countries in the world are faced with serious pollution problems which endanger human survival, such as ozone depletion and global warming.

☐ 29 おととし〈おととしの夏〉
the year before last / two years ago
〈the summer before last / two summers ago〉

父と私はおととし東欧を旅行した。
My father and I took a trip to East Europe the year before last.

Unit 6 入試頻出語い200

□ 30 (〜に対して) 思いやりのある 〈(〜に対して) 思いやりのない〉
be considerate 〈inconsiderate〉 of 〜

医師は患者に思いやりをもち,患者の話をよく聞くようにしなければならない。
Doctors should be considerate of their patients and try hard to listen to them.

□ 31 親の期待にこたえる
live up to one's parents' expectations

両親の期待にこたえるために私は全力をつくした。
I did my best to live up to my parents' expectations.

か行

□ 32 外見で人を判断する
judge others by their appearances

父は私に人を外見で判断してはいけないとよくいったものだ。
My father would often tell me not to judge others by their appearances.

□ 33 外来語
a word of foreign origin

日本語には数多くの外来語がある。
There are a lot of words of foreign origin in Japanese.

□ 34 会話をする
hold [have, carry on] a conversation

日本に来ている多くの外国人は1年で日常会話を十分こなせるだけの日本語を覚える。
Many foreigners staying in Japan acquire enough knowledge of Japanese to hold daily conversation in a year.

□ 35 (〜の) 顔を見る，頭をたたく，腕をつかむ
look [stare] 〜 in the face, hit [strike] 〜 on the head, catch [take] 〜 by the arm

突然彼は私の腕をつかんだ。
He suddenly caught me by the arm.

□ 36 家事
household chores

母親に家事の手伝いをさせられた。
I was made to help my mother with household chores.

□ 37 化石燃料
fossil fuels

私たちは化石燃料に替わるエネルギー資源を見つけなければならない。
We have to find alternative energy resources to fossil fuels.

□ 38 かぜ気味である
have a slight cold

かぜ気味のせいか，気分がよくない。
I'm not feeling well probably because I have a slight cold.

□ 39 仮説
a hypothesis（複数形はhypotheses）

幼児がどのようにして言語を習得するかについて，さまざまな仮説がある。

There are various hypotheses as to how infants learn a language.

□ 40 家族と離れて暮らす
live apart[away] from one's family

大学生は家族と離れて暮らすべきだと思いますか。

Do you think college students should live apart from their families?

□ 41 片言の英語を話す
speak a little English

broken English は「でたらめな英語」のニュアンスがあるので，使わないほうがよい。

その日本人の子どもは片言の英語で私を歓迎してくれた。

The Japanese child welcomed me with the little English he knew.

□ 42 価値観
values / a sense of values

文化を子どもに伝えるとは，ある意味では価値観を押しつけることである。

To hand culture down to your children is, in a sense, to impose values on them.

□ 43 活字離れをする
read less

日本人の活字離れはますます進んでいる。
Japanese people are reading less and less.

□ 44 体の不自由な人
physically handicapped people

体の不自由な人には電車で席を譲るべきだ。
You should give your seat on trains to physically handicapped people.

□ 45 環境にやさしい
eco-friendly

以前よりも多くの人が環境にやさしい商品に関心をもっている。
More people are interested in eco-friendly products than before.

□ 46 環境［自然］破壊
environmental[natural] destruction

これ以上の環境破壊を食い止めるために、私たちに何ができるだろうか。
What can we do to prevent further environmental destruction?

□ 47 環境［自然］保護〈環境を保護する〉
environmental[natural] protection 〈protect the environment〉

人類の生存が環境保護にかかっていることは疑問の余地がない。
There is no doubt that our survival depends on protecting the environment.

□48 (〜と) 関係がある
be related to 〜 / be connected with 〜 / have (something) to do with 〜

ガンの発生率の低下は喫煙者の減少と関係があるといわれている。
The decline of the incidence of cancer is said to have to do with the decrease in the number of smokers.

□49 観光客, 観光産業
a tourist, the tourist industry

観光産業は20世紀後半に劇的な成長をとげた。
The tourist industry developed dramatically in the late 20th century.

□50 漢字
Chinese characters

たいていの外国人にとって漢字の読み書きはとても難しい。
It is very difficult for most foreigners to write and read Chinese characters.

□51 間接喫煙
passive smoking

「嫌煙権」は the rights of nonsmokers。

間接喫煙が非喫煙者の健康に悪影響を与えることは否定できない事実だ。
It is an undeniable fact that passive smoking has a bad effect on the health of nonsmokers.

52 (〜しようと) がんばる
try hard to V 〜

高校生が定期テストのためにがんばるのにも，世界が地球温暖化防止にがんばるのにも，どんな努力にも使えます。

電気を節約するため，私はできるだけエアコンを使わずにすませるようにしている。

I try hard to do without air conditioners to save electricity.

53 気がつくと〜している
find oneself Ving[Ved]

人は外国で1年も暮らすと，気がつくとその国の言葉でものを考えている。

One year after you live in a foreign country, you find yourself thinking in its language.

54 決まり文句
an often-stated phrase / a cliché

「コンピュータは間違えません」という決まり文句がある。

There is an often-stated phrase: Computers never make a mistake.

55 (〜を) 肝に銘じる
keep[bear] 〜 in mind

とくに初心者はこの事実を肝に銘じたほうがいい。

Especially beginners should keep this fact in mind.

□ 56 共存する
coexist with ～ / live in harmony with ～

日本人は伝統的に自然を恵み深いものと考え，それと共存することを願う。

Japanese people traditionally think nature is a merciful blessing and want to live in harmony with it.

□ 57 巨大地震
a severe[strong, big] earthquake

いつ，どこで巨大地震が起きるかを正確に予知するのは不可能だ。

It is impossible to accurately predict when and where severe earthquakes will occur.

□ 58 禁止する
prohibit / forbid / ban

生徒のアルバイトを禁止している高校もある。

Some high schools prohibit their students from having part-time jobs.

□ 59 薬を飲む
take medicine[a tablet]

drink medicine[a tablet] とはいえないので注意。

薬を飲めば飲むほど，副作用の危険性が高まる。

The more medicine you take, the more likely you are to suffer from side effects.

□ 60 (悪い) 癖がつく，癖が直る
fall into a (bad) habit, get out of a (bad) habit

一度悪い癖がついてしまうと，直すには大変な時間と努力がいる。
Once you fall into a bad habit, it takes a lot of time and efforts to get out of it.

□ 61 (人を〜するように) 訓練する[しつける]
train[discipline] 人 to V 〜

私は子どもを年上の人に敬意を表するようにしつけた。
I disciplined my children to be respectful to seniors.

□ 62 (〜で) けがをする
be injured (in 〜)

「武器による負傷」は be wounded。

その事故で死んだ人もいれば，けがをした人もいた。
Some were killed and others were injured in the accident.

□ 63 景色，風景，眺め
scenery

いろいろな単語があるが scenery (集合名詞で不可算) が安全。「あるところからの眺め」は view。

このあたりは景色が良いので，サイクリングの目的地を選ぶのには困りません。
The scenery is quite beautiful everywhere around here, so we can easily decide where to go cycling.

☐ 64 健康的な
healthy（比較級はhealthier）/ good for one's health

健康的な生活は病気を予防する最も簡単な方法だ。
Having a healthy lifestyle is the easiest way to prevent illness.

☐ 65 健康を維持する
stay healthy / keep fit

あなたは健康を維持するために，毎日なにをしていますか。
What do you do every day to stay healthy?

☐ 66 工業化を推進する
push forward with industrialization

世界の多くの国々は，生活水準を向上させるために工業化を推進してきた。
A lot of countries in the world have pushed forward with industrialization to raise their standards of living.

☐ 67 校則
school regulations

学生は全員制服を着るように校則に明記してある。
School regulations clearly state that all students are to wear uniforms.

□ 68 交通渋滞を緩和する
ease traffic jams / reduce traffic congestion

「ひどい交通渋滞」は a terrible traffic jam。

大都市では自転車が交通渋滞の緩和に役立つことがある。
In large cities bicycles can help ease traffic jams.

□ 69 高齢化（社会）
(an) aging (society)

「世界一の高齢化社会」は the most aging society in the world。

日本は世界一の高齢化社会であるといわれている。
Japan is said to be the most aging society in the world.

□ 70 （〜な）声で
in a 〜 voice

パーティに誘ったとき，スーザンは低い声で嫌だといった。
When I invited Susan to my party, she said no in a low voice.

□ 71 誤解を招く
cause [lead to] misunderstandings

面と向かった意思疎通は誤解を招くことが少ない。
Face-to-face communication causes fewer misunderstandings.

□ 72 （ある国民が）国際化する
become more internationally-minded

私は日本の英語教育は日本人を国際化する手助けにはならないと思う。
I think English teaching in Japan cannot help Japanese people become more internationally-minded.

□ 73 個性を重んじる
respect [value] individuality

戦前の日本では，個性が重んじられていなかった。
In prewar Japan, individuality was not respected.

□ 74 子どもにきびしくする
be strict with a child

昔は近所に子どもにきびしい大人がいたものだ。
There used to be some adults in the neighborhood who were strict with children.

□ 75 子どもをあまやかす
spoil a child

子どもがかわいいのなら，あまやかすべきではない。
If you love your children, you should not spoil them.

□ 76 好むと好まざるとにかかわらず
whether one likes it or not

大人には好むと好まざるとにかかわらず，つき合わなければならない人がいる。
Adults have someone to see, whether they like it or not.

□ 77 ゴミ
garbage

「家庭からでるゴミ」は garbage。入試英作文での「ゴミ」はほとんどこれでOK。rubbish や trash も使える。すべて不可算名詞。「資源ゴミ」は recyclable garbage,「燃えるゴミ」は burnable garbage,「燃えないゴミ」は unburnable garbage。

残念なことに，公園にゴミを置いて帰る人がいる。
Unfortunately, some people leave their garbage behind at parks.

□ 78 ゴミを分別する
separate garbage according to type

ゴミの分別はゴミ問題を軽減することができる。
Separating garbage according to type can reduce the garbage problem.

さ 行

□ 79 〜歳代で
in one's 〜 s

「10代で」は in one's teens,「30代で」は in one's thirties,「40代で」は in one's forties。

彼は60歳代前半だが，歳のわりにはとても若く見える。
He is in his early sixties, but he looks quite young for his age.

Unit 6 入試頻出語い200

☐ 80 (起源が〜に) さかのぼる
date back to 〜 / date from 〜

イタリア料理の原点はローマ帝国の時代にさかのぼる。
The history of Italian cuisine dates back to the days of the Roman Empire.

☐ 81 再来年
the year after next

「再来週」は the week after next, 「再来月」は the month after next。

息子は再来年アメリカに留学することになっている。
My son is going to the United States for study the year after next.

☐ 82 四季の移り変わり
the cycle of the seasons

日本に四季の移り変わりがあることは幸せなことだ。
Japanese people are happy because they have the cycle of the seasons.

☐ 83 死刑
the death penalty / capital punishment

死刑はできるだけ早く廃止されるべきだ。
The death penalty should be abolished as soon as possible.

☐ 84 死語になる
become out of use

「筆をとる」という言葉が死語になりつつある。
The phrase "fude-wo-toru" (take up one's pen) is becoming out of use.

☐ 85 時差ぼけに苦しむ
suffer from jet lag

トムはひどい時差ぼけに苦しんだ。
Tom suffered from terrible jet lag.

☐ 86 自然環境の悪化
environmental deterioration

自然環境の悪化は動植物を絶滅へと導く。
Environmental deterioration leads to the extinction of plants and animals.

☐ 87 自然災害
natural disasters

私たちは地震や台風といった自然災害にどう備えるべきだろうか。
What should we do to prepare for natural disasters, such as earthquakes and typhoons?

☐ 88 自然とふれあう
have contact with nature

都会人の多くが自然とふれあうことを切望している。
Many people living in cities are eager to have contact with nature.

☐ 89 (歴史上の) 時代
the ～ era

タイムマシンで旅行できるのなら，江戸時代へ行ってみたい。
If I could travel by time machine, I would travel back in time to the Edo era.

□ 90 視点を変える，別の角度から見る
change one's viewpoint, see from a different viewpoint

知的職業に従事する者は，ときには視点を変えてみることが必要だ。
It is sometimes necessary for people who engage in intellectual occupations to change their viewpoints.

□ 91 死ぬ運命の
mortal

死ぬ運命にあるという点で人間は平等である。
Humans are equal in that they are mortal.

□ 92 地元の人々［食べ物］
local people［food］

私はどこの国に滞在するときでも，できるだけその土地の食べ物を食べるように心がけている。
Whatever country I stay in, I always try to eat as much local food as possible.

□ 93 社会に出る［社会人になる］
begin［start］to work

最近留学する学生が増えているが，外国で得た貴重な知識は社会に出てから役立つだろう。
Nowadays more and more students are studying abroad. The valuable knowledge they get abroad will be surely helpful after they begin to work.

□ **94 就職する**
  get a job

  就職など人生の重大なことは，すべて一人で決めなければならない。
  You have to decide for yourself about all the important things in your life, such as getting a job.

□ **95 (〜に) 従事している／従事する**
  be engaged in 〜 /engage in 〜

  たとえどんな職業についていても，それなりの苦労があるものだ。
  Whatever occupation you are engaged in, you have some problems.

□ **96 充実した [生きがいのある] 生活を送る**
  lead a full life

  だれしも充実した毎日を送りたいと考えるのは当然のことだ。
  It is quite natural that everybody wants to lead a full life.

□ **97 週末に**
  on weekends

  「今週の週末に」は this weekend, on[over] the weekend。

  週末にキャンプを楽しむ人が増えてきました。
  More and more people are enjoying camping on weekends.

□ **98 塾，予備校**
  a cram school

  私は大学に合格するために，有名な塾に通った。
  I attended a famous cram school to pass the entrance exam for university.

99 (〜の) 手術を受ける
be operated on (for 〜)

「盲腸の手術を受ける」なら，be operated on for appendicitis。

母が高齢で体力がないために，医師は手術をするのを避けた。
The doctor avoided operating on my mother because she was so old and weak.

100 小学校〈中学校，高校〉
elementary [primary] school 〈junior high, high school〉

小学生が偶然有害なサイトにアクセスする可能性がある。
Elementary school children can accidentally access harmful sites.

101 常識
common sense

社会生活上の常識は common sense，知識としての常識は common knowledge。

タバコが体に悪いことは今や常識である。
Now it is common knowledge that smoking is bad for the health.

102 消費税
the consumption tax

日本政府は消費税を10パーセントに上げることを決定した。
The Japanese government has decided to raise the consumption tax to 10 percent.

□ 103 食生活
one's eating habit

最近の日本人は伝統的な食生活を忘れてしまっている。
Japanese people today have forgotten their traditional eating habits.

□ 104 人口の急増
population explosion

発展途上国の多くが人口の急増という問題に直面している。
A lot of developing countries are faced with the problem of population explosion.

□ 105 人生を豊かにする
enrich one's life

情報技術の発達が私たちの生活を豊かにしたことはだれも否定できない。
No one can deny the development of information technology has greatly enriched our life.

□ 106 (〜で) 心配する, 不安である
be worried about 〜, be worried that SV

「将来の不安」は be anxious about 〜で表す。uneasy は「落ち着かない不安」を表す。

親の中には子どもがテレビゲームに時間を使いすぎることを心配しているものもいる。
Some parents are worried that their children spend too much time playing video games.

Unit 6 入試頻出語い200

☐ **107 (科学や科学技術などがめざましく) 進歩する**
make (remarkable) progress [advances]

最近の工学の発達はめざましい。
Recently, engineering has made remarkable progress.

☐ **108 ストレス [疲れ] がたまる**
be under a lot of stress / feel a lot of stress [fatigue]

現代人の多くがストレスをためこんでいる。
Many people today are under a lot of stress.

☐ **109 ストレス [疲れ] を解消する [いやす]**
get rid of stress [fatigue] / remove stress [fatigue]

都会生活の疲れをいやすためには，自然の中でのんびりするのが一番だ。
To relax in nature is the best way to get rid of the fatigue caused by city life.

☐ **110 西欧化する〈西欧化〉**
become westernized 〈westernization〉

日本は完全に西欧化したように思われる。
Japan seems to have become fully westernized.

☐ **111 生活水準（を向上させる）**
(raise) the standard of living [living standard]

政府の目標の一つが国民の生活水準の向上である。
One of the aims of governments is to raise their citizens' standards of living.

112 (20 [21]) 世紀
(the twentieth) century / (the 20th) century
[(the twenty-first) century / (the 21st) century]

必ず the をつけ，序数を使うこと。21世紀を the 21th century と書かないように注意。

日本は20世紀の前半に2つの世界大戦を経験した。
Japan experienced two world wars in the first half of the twentieth century.

113 成人年齢を上げる〈下げる〉
raise〈lower〉the legal age of adulthood

成人年齢は20歳から18歳に引き下げられるべきだ。
The legal age of adulthood should be lowered from 20 to 18.

114 世界観[視野]を広げる
broaden one's horizons

海外旅行は新しい体験を与え，世界観を広げるという点で貴重である。
Traveling abroad is valuable in that it gives you new experiences and broadens your horizons.

115 選挙権
the right to vote

選挙権は成人の最大の特権である。
The right to vote is the biggest privilege of adulthood.

Unit 6 入試頻出語い200

☐ 116 （経済学を）専攻する
major in (economics)

君は大学で何を専攻するつもりですか。
What are you going to major in at college?

☐ 117 臓器移植
an organ transplant

世界中に臓器移植を待っている患者がたくさんいる。
Many patients are waiting for organ transplants all over the world.

☐ 118 相互理解
mutual understanding

いろいろな言語や文化的背景をもった人々の相互理解を促進することはとても重要だ。
It is very important to promote mutual understanding of people with different languages and cultural backgrounds.

☐ 119 尊厳死
death with dignity

尊厳死の問題は，議論を呼ぶ話題だ。
The matter of death with dignity is a controversial topic.

た行

☐ 120 第1次〈第2次〉世界大戦
World War I / the First World War 〈World War II / the Second World War〉

冠詞の有無に注意。

第2次世界大戦は1939年に始まり，1945年に終わった。
World War II began in 1939 and ended in 1945.

☐ 121 大学1年生〈2, 3, 4年生〉
a freshman 〈sophomore, junior, senior〉

兄は東京大学の2年生です。
My brother is a sophomore at Tokyo University.

☐ 122 大学院〈大学院生〉
graduate school 〈graduate student〉

娘は来春大学院へ進学予定だ。
My daughter is going on to graduate school next spring.

☐ 123 退学する
leave school

勉強することに意味を見いだせないために，高校を退学する生徒がいる。
Some students leave high school because they don't find any meaning in their studies.

□ 124 （〜を）大切［大事］にする
make good use of 〜 /take good care of 〜

私たちは天然資源を大切にしなければならない。
We have to make good use of natural resources.

□ 125 立ち寄る
drop in at 建物 / drop in on 人

仕事帰りに駅前のハンバーガー店にちょっと立ち寄った。
I dropped in at a hamburger shop near the station on my way home from work.

□ 126 単一民族国家
a homogeneous nation

日本は単一民族国家だと思い込んでいる日本人が多い。
Many Japanese people assume that Japan is a homogeneous nation.

□ 127 地球の温暖化
global warming

これ以上の地球の温暖化を防ぐために，思いきった手段をとるべきだ。
We should take drastic measures to prevent further global warming.

□ 128 知的好奇心〈欲求〉
intellectual curiosity〈desire〉

子どもは知的好奇心のかたまりだ。
Children are full of intellectual curiosity.

129 痛感する
keenly [fully] realize

私は伝統を守ることの意義を痛切に感じた。
I keenly realized the importance of maintaining tradition.

130 使い捨て (の〜)
throwaway (〜)

現代は使い捨ての時代だといわれている。
It is said that this is the age of throwaway.

131 (次の世代などへ〜を) 伝える
hand 〜 down to ... / pass 〜 on to ...

私たちは自然に対する彼の接し方を未来に伝えなければならない。
We have to hand his attitudes toward nature down to future generations.

132 (〜の) 手配をする
arrange for 〜

祖母を駅へ送るのに，彼はタクシーの手配をした。
He arranged for a taxi to take his grandmother to the station.

133 テレビゲーム
a video game

テレビゲームをやりすぎると成績に悪影響を与えかねない。
Playing video games too much can have a bad effect on your grades.

□ 134 電化製品
electrical appliances

まだ使える電気製品や家具ばかりか，ペットまでがゴミとして捨てられている。
Not only electrical appliances and furniture that are still usable but even pets are thrown away as garbage.

□ 135 天気予報
the weather forecast[report]

今朝の天気予報ではこの1週間は晴れるといっていた。
This morning's weather forecast said it would be fine for a week.

□ 136 (〜には…な) ところがある
There is something 形容詞… about 〜．
[There is something about 〜 that S V …]

彼女にはどこか神秘的なところがある。
There is something mysterious about her.

□ 137 (〜に行く，家に帰る) 途中で
on one's[the] way (to 〜[home])

家に帰る途中で，太郎は見知らぬ人に話しかけられた。
On his way home, Taro was spoken to by a stranger.

□ 138 (方法，習慣，文化を) 取り入れる
introduce (a method, custom, culture)

日本は外国の文化を取り入れることには熱心だった。
Japan was enthusiastic about introducing foreign cultures.

な行

☐ 139 嘆かわしい
deplorable / regrettable

日本人の多くが，いまだに女性は結婚したら家にいるべきだと考えているのは，嘆かわしいことだ。

It is regrettable that many Japanese still think women should stay at home after they get married.

☐ 140 日本国憲法
the Constitution of Japan / the Japanese Constitution

日本国憲法第9条は戦争を永久に放棄することをうたっている。
Article 9 of the Constitution of Japan says it has renounced war forever.

☐ 141 入試を受ける
take an entrance examination

クラスのほぼ全員が大学入試を受けた。

Almost everyone in our class has taken college entrance examinations.

☐ 142 にわか雨にあう
be caught in a shower

get wet to the skin（ずぶぬれになる）も頻出表現なので押さえておこう。

学校へ行く途中でにわか雨にあった。
I was caught in a shower on my way to school.

□ 143 (〜に) 人気がある
be popular among[with] 〜

そのテレビゲームは遊び方がとても簡単なので，子どもたちに人気がある。
The video game is popular among children because it is very easy to play.

□ 144 人間関係
human relations / human relationships

日本人は人間関係を大いに重視する。
Japanese people put a great emphasis on human relationships.

□ 145 (人が〜を) 盗まれる
人 have 〜 stolen / 人 be robbed of 〜

〈人 be stolen〉は絶対にだめです。

私は昨日，満員電車で財布を盗まれた。
I had my wallet stolen on a crowded train yesterday.

□ 146 熱がある
have a fever

「熱がない」は have no fever。「微熱がある」は have a slight fever。「熱が高い」は have a high fever。

ケンは朝のどが痛くて熱があったが，朝食を食べてから学校へ行った。
Though Ken had a sore throat and a fever in the morning, he left for school after he had breakfast.

□ 147 （〜に）熱中する，夢中になる，熱心である
be absorbed in 〜

「時や場所を忘れて一時的に熱中する」のが be absorbed in 〜,「ある程度の期間熱中している」のが be enthusiastic about[over] 〜, be crazy about 〜。

最近の大学生はよく電車のなかでマンガに夢中になっている。

College students today are absorbed in comic magazines on trains.

□ 148 年金
a pension

「国民年金」は national pension。

こんなふうに高齢化が進めば，年金なんかもらえなくなりそうな気がする。

I'm afraid I won't be able to receive my pension if our society continues to age at the present rate.

□ 149 〜年代に
in the 〜 s

「1990年代に」は，in the 1990s。

1980年代に日本のロボット生産は飛躍的に伸びた。

The production of robots in Japan remarkably increased in the 1980s.

□ 150 残りの〜，その他の〜
the rest of 〜

ほかのみんなが話しているときに，君は腕を組んでじっと黙っていた。

You kept silent with your arms folded while the rest of us were talking.

151 (〜にとって) 望ましい
desirable / advisable

desirous は「(人が) 〜を望んでいる」の意味。

人生や社会について視野を広げていくためにも，たくさんの人の話を聞くことが望ましい。
It is advisable to listen to as many people as possible so that you can widen your view of life and society.

は 行

152 (〜感を) はぐくむ
develop (a sense of 〜)

ひと皿の料理を囲み，それを分かち合うことによって，一体感が生まれる。
By sitting around and sharing a plate of food, we develop a sense of unity.

153 はずかしく思う
feel ashamed / embarrassed

ashamed は「良心の呵責(かしゃく)からはずかしく思う」。embarrassed は「人前ではずかしい思いをする」。日本語の「面目がない」は embarrassed。

試験でカンニングをしたことが発覚したら，はずかしく思わないか。
Wouldn't you feel ashamed if someone caught you cheating on a test?

154 バランスのとれた食事
a well-balanced diet

時間をかけて調理したバランスのとれた食事をなるべくとるようにすべきだ。
We should try hard to have a leisurely cooked, well-balanced diet as often as possible.

155 〜万能（志向）の
〜 -oriented

「科学万能の」は science-oriented。

私たちは今，情報化社会に生きている。
Now we are living in an information-oriented society.

156 反論する
argue against 〜 / object to 〜

妹にきちんと反論できなくて，みじめだった。
I felt miserable because I couldn't argue properly against my sister.

157 （ある結果を）引き起こす
cause（a result）

近ごろの少子化と高齢化が多くの問題を引き起こしている。
A recent decrease in the number of children and an aging of society has caused a lot of problems.

158 左側〈右側〉に〜がある
find 〜 on one's left〈right〉

右折すると，左手に郵便局があった。
Turning right, I found the post office on my left.

□ 159 必修科目
a required subject

日本のすべての中学校で英語は必修科目だ。
English is a required subject at all junior high schools in Japan.

□ 160 (人の) 筆跡
one's handwriting / handwriting of ~

筆跡からその人の人柄がわかるのだろうか。
I wonder if you know the personality of someone by their handwriting.

□ 161 人とうまくやる
get along (well) with others

日本社会はほかの人とうまくやっていくことに大きな価値を置く。
Japanese society puts a high value on getting along with others.

□ 162 人との付き合いを楽しむ
enjoy ~'s company

車を降りるとき、ナンシーは私に「あなたとすごせて本当に楽しかったわ」といった。
As Nancy got out of my car, she said to me, "I've really enjoyed your company."

□ 163 人に勝つ
beat ~ / defeat ~

win は競技や戦争に「勝つ」。

若いころ、私には人に勝ちたいという衝動はなかった。
I did not have the urge to beat others when I was young.

164 人の性格［人格］
one's character[personality]

幼いころの経験が人格形成に大きな影響を及ぼす。
Experiences in your early years have a profound influence on the formation of personality.

165 人の立場に立つ
put oneself into[in] ~ 's shoes

元気いっぱいの医師にしても，病人の立場に立ってみて，その気持ちをくみ取ることができなくてはならない。
Even healthy and energetic doctors must put themselves into their patients' shoes and take how they feel into consideration.

166 人の目を気にする
care how one is seen by others

私は社会に出たとき，人の目を気にする人が多いと気づいた。
When I began to work, I realized that people often cared how they were seen by others.

167 1人当たりの（国民総生産）
(GNP) per capita

1980年代初めから半ばにかけて，多くの発展途上国で1人当たりの国民総生産が低下した。
In the early and mid 1980s, the GNP per capita fell in many developing countries.

168 肥満 [肥満の，太りすぎの]
obesity [obese, overweight]

やせすぎも太りすぎも健康によくない。
Being underweight or overweight is equally unhealthy.

169 百科事典
an encyclopedia

インターネットで検索すればなんでもすぐに答えがみつかるから，百科事典や辞典といった書物はもう必要がなくなったという人がいる。
Some people say they no longer need encyclopedias or dictionaries because they can easily find an answer to every question by consulting the Internet.

170 風俗習慣
manners and customs

ブライアンはいろいろな国の風俗習慣にくわしい。
Brian is familiar with the manners and customs of many countries.

171 (機械，道具が) 普及する
become popular

パソコンが非常に普及したために，「書く」という行為はすっかり様変わりした。
Personal computers have become very popular, so the act of "writing" has changed completely.

172 物価
prices

「物価」の意味の場合，必ず複数形で用いる。

その国では物価がここ3年上がり続けている。
In the country, prices have been going up these three years.

173 平均寿命（の延び），平均寿命が延びる
the (prolonged / extended) average life expectancy,
the average life expectancy is prolonged [extended]

2025年までに日本人の平均寿命はもう2年は延びるだろう。
By 2025, the average life expectancy of the Japanese will have been extended by at least two years.

174 （本の）ページをめくる
turn over pages of a book /
leaf through a book

外国の町を旅すると，たいてい一度くらいは本屋に寄り，読めもしない本をぱらぱらとめくってみる。
When I visit a foreign town, I usually drop in at a bookstore at least once and turn over pages of a book I cannot understand.

175 （人を）部屋に案内する
show 人 into[to] a room

客を招いたら，まず住居のすべての部屋を案内してまわるのが欧米の通例である。
Europeans and Americans customarily show their guests into every room of their homes.

□ 176 歩行者
a pedestrian

駅前に放置された自転車は歩く人の邪魔になり，危険でさえある。
Bicycles left near a station get in the way of pedestrians and can even be dangerous.

□ 177 ボランティア活動をする
do volunteer work

私は老人ホームでボランティア活動がしたいと思う。
I would like to do volunteer work at a nursing home.

□ 178 (〜の) 本心
what 〜 really mean / 〜 's real intention

その犬は私に激しく吠えたが，同時に「これは私の本心ではありませんよ」というかのようにしっぽを振っていた。
The dog barked very fiercely at me but at the same time it was wagging its tail as if to say that was not what it really meant.

ま 行

□ 179 守る
protect / defend / guard

「危険から守る」のが protect,「攻撃から守る」のが defend,「用心して危害から守る」のが guard。

大地震が発生したら，すばやく机やテーブルの下に潜って，落下物から身を守らなければならない。
When a severe earthquake happens, you have to quickly get under a desk or a table to protect yourself from falling objects.

□ 180 (ものの) 見方
a view / viewpoint

ものの見方は人それぞれだ。
People differ in their viewpoints.

□ 181 昔は, 昔から
formerly / traditionally / since the old days / for a long time

昔は大学生のアルバイトは両親が学費を払ってくれるのを手助けするためだった。
Formerly, college students worked part-time to help their parents pay their school expenses.

□ 182 (〜と) 無関係に
regardless of 〜

インターネットは人々を,国籍,性別,年齢,職業などにいっさい関係なく,お互いの関心事を通じて結びつけます。
Regardless of nationality, sex, age, or occupation, the Internet connects people through their interests.

□ 183 (〜に) 無関心だ
be indifferent to 〜

イギリス人はテレビに無関心だ。
British people are indifferent to TV.

□ 184 免許を取得する
obtain a driver's [driving] license

ポールはまだ運転免許が取得できる年齢ではない。
Paul is not old enough to obtain a driver's license.

185 面接を受ける〈面接〉
be interviewed〈interview〉

私は昨日その会社の面接を受けた。
I had an interview for a job at that company yesterday.

186 目的地
one's destination

その男の子は目的地にらくらくたどり着いた。
The boy easily got to his destination.

187 問題の解答
an answer to a question / a solution to a problem

その問題の解答を思いつけなかった。
I couldn't come up with the answer to the question.

188 文部科学省
the Ministry of Education and Science

弟は文部科学省に入省した。
My brother became an official at the Ministry of Education and Science.

や行

☐ 189 約束の時間
the appointed time

約束の時間に間に合わないと知りながら，彼女は電話をかけてこなかった。
She didn't call me even though she knew she would be late for the appointed time.

☐ 190 （〜において…の）役割を演じる
play a ... role [part] in 〜

言葉は私たちの文化，日常生活において重要な役割を演じている。
Words play an important role in our culture and daily life.

☐ 191 ユーモアのセンスがある〈ユーモアのセンスがない〉
have a sense of humor
〈have no sense of humor〉

日本人はユーモアのセンスがないとよくいわれます。
It is often said that Japanese people have no sense of humor.

☐ 192 （〜を）よく［真剣に，まじめに］考える
think over 〜 / consider 〜

think seriously は使わないほうがよい。

若いころは，人生について深く考える時間をもつべきだ。
While you are young, you should have time to think over life.

Unit 6 入試頻出語い200

ら行

□ 193 利点〈欠点〉
an advantage〈a disadvantage〉

携帯電話を使うことには欠点や危険があると感じている人がいる。
Some people feel that there are some disadvantages or dangers of using mobile phones.

□ 194 留学する
study abroad

「～に留学する」は, go to ～ for study。

時がたつのは早いもので, イタリアに留学して3年になります。
Time flies. It's already been three years since I came to Italy to study.

□ 195 留学生
a foreign student / a student from abroad

明日, 私たちは留学生たちへのプレゼントを買いに, あの新しいショッピングセンターに行く。
We're going to that new shopping center tomorrow to buy presents for the foreign students.

□ 196 料理
food

food が最も一般的(基本的に不可算名詞)。健康面からみた食事が diet。1日3食とる食事が meals (可算名詞)。国名がつく場合は, cuisine (不可算名詞)。Japanese cuisine は「日本料理」, Chinese cuisine は「中国料理」。

日本人が長命なのは日本風の食事のおかげだといわれている。
It is said that Japanese people live long thanks to Japanese cuisine.

□ 197 列に並ぶ
stand[wait] in line

アメリカでは，弁護士，大学教授，会社の社長，だれであろうと，自分のかばんを持ったり，スーパーの列に並ぶことはめずらしくない。

In the United States, it is not unusual for lawyers, professors, company presidents or anybody else to carry their own bags, or stand in line at a supermarket.

□ 198 レポートを提出する
hand in a paper

先生は私たちに明日までにレポートを提出するようにといった。

The teacher told us to hand in our papers by the next day.

□ 199 論理的思考〈論理的に思考する〉
logical thinking〈think logically〉

昔に比べ，今の子どもは想像力がなく，論理的思考が苦手である。

Children today are less imaginative and poorer at thinking logically than those in the past.

わ行

□ 200 (〜がどんなものか) わからない
have no idea（疑問詞〜，of＋名詞）

彼女は電気なしの生活がどんなものかわかっていなかった。

She had no idea what it was like to live without electricity.

減点されない英作文を書くための
Lesson 一覧

Lesson 1	よぶんな言葉をカットして日本語をスリム化する。	P.20
Lesson 2	日本語に言葉を補って，英語の意味をはっきりさせる。	P.22
Lesson 3	日本語と英語の品詞を一致させる必要はない。	P.24
Lesson 4	名詞を名詞句や名詞節に変える。	P.26
Lesson 5	人を主語にして能動態で書く。	P.27
Lesson 6	代名詞の修飾関係に注意。	P.29
Lesson 7	長文は分割して，1文をあまり長くしない。	P.30
Lesson 8	「〈名詞〉は〈名詞〉だ［になる］」型の表現に注意。	P.31
Lesson 9	「～がある［ない］」は人を主語にした文を考えよう。	P.33
Lesson 10	英語に訳す必要のない日本語をマークしよう。	P.34
Lesson 11	情緒的な日本語は少し抑え目に英訳する。	P.37
Lesson 12	擬声語，擬態語は動詞や副詞を工夫してみよう。	P.38
Lesson 13	3単現のsを忘れない！	P.42
Lesson 14	英文全体の時制を統一する。	P.43
Lesson 15	動作動詞の現在形・過去形・現在完了形を使い分ける。	P.44
Lesson 16	過去形と現在完了形の違いを意識する。	P.45
Lesson 17	進行中の動作は現在（過去）進行形を使う。	P.46
Lesson 18	完了形は動作の結果，完了進行形は動作自体を強調する。	P.47
Lesson 19	過去完了形は「過去の一時点」が明確なときだけ使う。	P.48
Lesson 20	未来を表すには4つの表現がある。	P.50
Lesson 21	「最近，近ごろ，このごろ」を表す副詞と時制に注意！	P.50
Lesson 22	名詞はつねに単複を意識する。	P.51
Lesson 23	重要な不可算名詞に注意。	P.52
Lesson 24	名詞を限定する必要があるかどうかをいつも考える。	P.53
Lesson 25	「～の一つ」は〈one of the［所有格］＋複数名詞〉。	P.54
Lesson 26	noに続く可算名詞は単数形か複数形かを考える。	P.54

Lesson 27	英語に訳さないほうがよい日本語をカット。	P.55
Lesson 28	英語に訳すとき、とくに注意が必要な名詞をマークしよう。	P.57
Lesson 29	名詞のくり返しを避け、できる限り代名詞を使おう。	P.61
Lesson 30	it を使ったとき、指している名詞の単複を確認する。	P.62
Lesson 31	it と one を使い分ける。	P.63
Lesson 32	「人」は they で指せるように、なるべく複数形で表そう。	P.64
Lesson 33	複数名詞につけるアポストロフィ s に注意。	P.65
Lesson 34	one another と each other を正しく使おう。	P.66
Lesson 35	事物を表す単数名詞は it、複数名詞は they で置き換える。	P.67
Lesson 36	〈名詞＋ of ＋代名詞〉をむやみに使わない。	P.68
Lesson 37	文全体の代名詞を統一する。	P.68
Lesson 38	数量を表す語を代名詞で使うとき、of に続く名詞に注意！	P.70
Lesson 39	a [an] と the を使い分けよう。	P.71
Lesson 40	〈the ＋複数名詞〉は全体をカバーする。	P.72
Lesson 41	1 つしかありえないものには the をつける。	P.73
Lesson 42	関係代名詞の格は、文の主語を中心に考える。	P.74
Lesson 43	名詞の修飾は 2 つ以上あるものを区別するために使う。	P.75
Lesson 44	関係詞を使うときは、後ろの文構造をチェック。	P.75
Lesson 45	関係詞を限定用法で使うか、非限定用法で使うかに注意！	P.76
Lesson 46	名詞の修飾に関係代名詞を多用しない。	P.77
Lesson 47	主格の関係代名詞は省略せず、目的格は省略する。	P.79
Lesson 48	名詞と形容詞、動詞と副詞の組み合わせに気をつけよう。	P.79
Lesson 49	いつでも、どこでも、品詞を意識する。	P.81
Lesson 50	人を主語にできる形容詞かどうかを判断する。	P.82
Lesson 51	many, much を正しく使い分ける。	P.83
Lesson 52	「近い」「遠い」の正しい表し方を身につけよう。	P.84
Lesson 53	same を正しく使いこなそう。	P.86
Lesson 54	形容詞を 2 つ以上並べるときの語順に注意。	P.86

Lesson一覧

Lesson 55	副詞を置く位置に注意。	P.88
Lesson 56	first と at first を正しく使い分ける。	P.89
Lesson 57	only の位置に気をつけよう。	P.90
Lesson 58	yet と still の使い分けに注意！	P.90
Lesson 59	「反対に」はいつも on the contrary ではない。	P.91
Lesson 60	how の２つの意味を確認する。	P.92
Lesson 61	as ～ as (possible [one can]) を正しく使おう。	P.93
Lesson 62	比較の基本的なミスを避ける。	P.94
Lesson 63	日本語にはっきりと表れない比較級を見抜く。	P.95
Lesson 64	〈the ＋比較級, the ＋比較級〉は the に続ける語句に注意！	P.95
Lesson 65	受動態は能動態から考える。	P.97
Lesson 66	「～れる」という日本語に注意。	P.99
Lesson 67	なるべく一般的な動詞を使うこと。	P.100
Lesson 68	seem [be said/be believed/be thought]は主語に注目。	P.102
Lesson 69	say, tell, speak, talk を使い分けよう。	P.103
Lesson 70	「～するようになる」「～になる」に気をつける。	P.105
Lesson 71	「気づく，わかる，意識する」は動詞を使い分けよう。	P.106
Lesson 72	「～すること」は不定詞か動名詞で表す。	P.108
Lesson 73	spend を正しく使おう。	P.109
Lesson 74	「～しながら」は Ving で表す。	P.109
Lesson 75	「～しそうだ」「～しそうだった」は５つのパターンで訳そう。	P.110
Lesson 76	「～が生まれる」はいつでも be born とは限らない。	P.111
Lesson 77	help は人を目的語にする。	P.112
Lesson 78	feel はキケンな動詞。	P.112
Lesson 79	feel の後には目的語ではなく補語を続ける。	P.113
Lesson 80	知覚動詞は第５文型で書く。	P.114
Lesson 81	「～できた」は could V ではなく，ただの過去形が自然。	P.115

Lesson 82	「〜したほうがよい」は should を使う。 P.115
Lesson 83	used to V を乱発しない。 P.116
Lesson 84	「〜しがちだ」は tend to V を使う。 P.117
Lesson 85	むやみに分詞構文を使わない。 P.118
Lesson 86	第4文型の目的語に注意！ P.118
Lesson 87	接続詞と前置詞と副詞の使い方の違いを押さえよう。 P.119
Lesson 88	前置詞の後が複雑な形になるなら，接続詞を使う。 P.120
Lesson 89	「〜という…」に同格の that を多用しない。 P.121
Lesson 90	あやふやな that は避ける。 P.123
Lesson 91	間接疑問文はSVの語順を確認する。 P.124
Lesson 92	理由を表す接続詞を使い分けよう。 P.125
Lesson 93	時間を表す前置詞の使い方を押さえよう。 P.126
Lesson 94	「…後に」「…前に」の表し方に注意。 P.128
Lesson 95	「AのB」はなるべく of を使わないように。 P.129
Lesson 96	スペルミスを避ける。 P.131
Lesson 97	「AもBも〜ない」は not A or B。 P.132
Lesson 98	「〜こと」を的確に訳そう。 P.133
Lesson 99	「〜する方法」「〜の仕方」は現実か理想像かを区別する。 P.135
Lesson 100	譲歩は2種類の方法を混同しないように。 P.136

■読者アンケートご協力のお願い

Webから応募できます！
ご協力いただいた方のなかから抽選でギフト券（500円分）をプレゼントさせていただきます。

アンケート番号： 304425

※アンケートは予告なく終了する場合がございます。あらかじめご了承ください。

大学受験
減点されない英作文

●著　　　者	河村一誠
●編 集 協 力	株式会社シナップス（佐藤千晶、多々良和臣、湯川香子）
●英 文 校 閲	ショーン・マギー（AtoZ）
●カバーデザイン	有限会社レゾナ（志摩祐子、西村絵美）
●本文デザイン	朝日メディアインターナショナル株式会社
●ＤＴＰ	朝日メディアインターナショナル株式会社